Petite Bibliothèque de la Ligue des Patriotes
IV

Plus nous avons horreur de la guerre, plus nous devons travailler passionnément à en empêcher le retour, plus nous devons souhaiter vouloir que la paix nous apporte, avec la restitution totale de nos provinces envahies, — envahies depuis hier ou envahies depuis quarante-six ans, — la réparation des droits violés aux dépens de la France ou de ses alliés et les garanties nécessaires à la sauvegarde définitive de notre indépendance nationale.

(*Discours de M. Poincaré, Président de la République, 14 juillet 1916*).

La rive gauche du Rhin et l'Équilibre Européen

par

M. Ch. STIÉNON

Avec une Préface de

Maurice BARRÈS
DE L'ACADÉMIE FRANÇAISE

LIBRAIRIE
DE LA SOCIÉTÉ DU
RECUEIL SIREY
Anne Mson Larose et Forcel
LÉON TENIN, Directeur
22, Rue Soufflot, PARIS-5e

1917

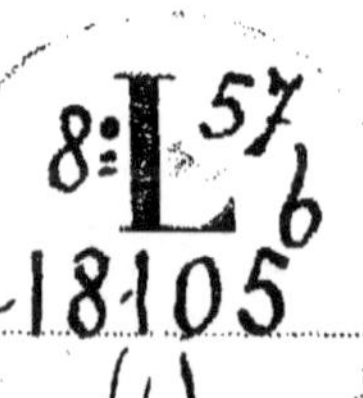

La rive gauche du Rhin

et

l'Équilibre Européen

Petite Bibliothèque de la Ligue des Patriotes
IV

Plus nous avons horreur de la guerre, plus nous devons travailler passionnément à en empêcher le retour, plus nous devons souhaiter vouloir que la paix nous apporte, avec la restitution totale de nos provinces envahies, — envahies depuis hier ou envahies depuis quarante-six ans, — la réparation des droits violés aux dépens de la France ou de ses alliés et les garanties nécessaires à la sauvegarde définitive de notre indépendance nationale.

(*Discours de M. Poincaré, Président de la République, 14 juillet 1916*).

La rive gauche du Rhin et l'Équilibre Européen

par

M. Ch. STIÉNON

Avec une Préface de

Maurice BARRÈS
de l'Académie française

LIBRAIRIE
de la Société du
RECUEIL SIREY
Anne Mson Larose et Forcel
LEON TENIN, Directeur
22, Rue Soufflot, PARIS-5e

1917

Bordeaux, imprimerie Y. Cadoret, 17, rue Poquelin-Molière.

PRÉFACE

La Ligue des Patriotes s'est tournée vers deux patriotes belges, vers MM. Dumont-Wilden et Charles Stiénon, et leur a demandé de collaborer à son œuvre d'éducation nationale.

En quelques mois, par une suite d'essais, tous admirablement documentés, M. Charles Stiénon a pris une place au premier rang de ceux qui guident l'opinion chez les Alliés. Il étudie ici *La rive gauche du Rhin et l'équilibre européen.*

Pourquoi nous sommes-nous adressés à un Belge? Parce que, chacun s'en assure, rien ne peut être fait sur le Rhin que d'accord avec la Belgique. C'est la formule que, dès la première heure, lançait la Ligue des Patriotes quand elle écrivait (voir sa carte de propagande) : « Plus de souveraineté allemande sur la rive gauche du Rhin. Nous y organiserons toutes choses d'accord avec la Belgique, dont la fraternité nous est infiniment précieuse, pour que la paix fleurisse dans une Europe organisée conformément à ses traditions nationales et au droit ».

Les Belges, de qui le roi Albert est l'honneur de l'humanité, ont eu déjà un grand roi, Léopold II. L'ont-ils de son vivant assez unanimement apprécié?

Léopold II disait dans l'intimité : « Les Belges ont les qualités nécessaires pour lutter victorieusement dans la concurrence internationale. Mais il leur manque une qualité : ils manquent de nationalisme ».

Il n'est pas étonnant que ce fût vrai, car ce Prince était un réaliste. S'il revenait parmi nous, il verrait bien vite que ces temps sont changés. Les Belges *veulent* agrandir leur pays, lui rendre son ancienne prospérité qui, si elle renaît, ne manquera plus de splendeur. Ils veulent que leur pays soit armé, débarrassé de sa neutralité, capable de compter dans la vie politique de l'Europe.

Ces idées groupent autour d'elles, chez nos amis belges, un parti formé spontanément de ce qu'il y a de plus sain et de plus vivant. Elles ont un corollaire, c'est une entente étroite avec la France. Étant bien entendu que cette entente respectera, et avec un soin jaloux, le sentiment d'indépendance fièrement chevillé dans l'âme des nobles cités et campagnes de Belgique.

La bonne entente entre Belges et Français n'a pas toujours été au même diapason, mais aujourd'hui il faut écouter notre cœur et nous mettre à raisonner d'accord, sans quoi nous serions perdus les uns et les autres, et les Boches nous mangeraient même refoulés sur la droite du Rhin.

Nous nous battons pour que nos enfants ne subissent pas les horreurs de 1914-1917; nous voulons rejeter l'envahisseur et prendre toutes les garanties possibles pour qu'il ne récidive pas. Voilà nos buts de guerre.

La France veut que l'envahisseur lui restitue les départements envahis (envahis il y a quarante-sept ans ou envahis il y a trois ans) et paie les dommages effroyables que nous venons de subir à l'improviste.

Il n'y a pas plus à discuter la question de l'Alsace-Lorraine que la question des départements du Nord ou des Ardennes. L'Alsace et la Lorraine nous ont été volées en 1871. Par trois fois, dès la première heure, aux 17 février et 1er mars 1871 (à l'Assemblée nationale de Bordeaux) et puis en 1876, au Reichstag de Berlin, les Alsaciens et les Lorrains ont protesté par une plainte déchirante et solennelle. La France, depuis, n'a jamais cessé de dénoncer l'abus de la force et de pousser contre le voleur une longue clameur de haro. En déchirant le traité de Francfort, l'Allemagne a remis juridiquement les choses dans l'état où elles étaient avant 1870.

Le retour de nos frères au milieu de nous pose la question de la frontière Est. Dans leur sublime protestation du 17 février 1871, les députés de l'Alsace et de la Lorraine disaient de ces deux provinces qu'elles avaient été « sans cesse exposées aux coups de l'ennemi », qu'elles s'étaient « constamment sacrifiées pour la grandeur nationale ». Plainte trop juste ! Nos malheureux compatriotes ne l'exhalaient que pour rappeler comment ils avaient « scellé de leur sang l'indissoluble pacte qui les rattachait aux autres

Français »; mais elle nous oblige à faire réflexion qu'en effet, à travers les siècles, les malheureuses populations de l'Alsace, de la Lorraine, des Ardennes, de tout le Nord-Est furent continuellement foulées aux pieds. Notre territoire est ouvert à l'éternel envahisseur. Il faut que les Français possèdent les clefs de la maison. Au moins qu'elles ne soient pas dans les mains de la Prusse.

La Prusse, tant qu'elle le pourra, voudra recommencer la guerre. Vous avez entendu le leader sozialdemokrate Scheidemann nous le déclarer au nom de son parti : « Si le 1er février une paix nous coûtant la perte de provinces *(il songeait à l'Alsace-Lorraine)* était conclue, le 2 février déjà commenceraient les préparatifs d'une nouvelle guerre, pour les reconquérir ».

De tels propos, un si violent et intraitable appétit de proie, expliquent l'universel souci des Français (et des Belges) de trouver dans le traité de paix « les garanties nécessaires à la sauvegarde définitive de leur indépendance nationale ».

Ce sont là les mots constamment employés par le président de la République et par les chefs des divers ministères qui se sont succédé. Mais que mettre sous ces mots qui nous rallient, et comment concevoir ces garanties?

Quand Richelieu vit la nécessité d'étendre insensiblement les limites ou les influences de la France jusqu'au Rhin, il voulut que cette politique fût nationale. Il organisa ce que nous appellerions aujourd'hui une campagne de presse. Sous son inspiration, une série d'ouvrages furent composés. Eh bien ! voici qu'hier, spontanément, en présence des mêmes nécessités, des quatre points cardinaux de la politique, des hommes d'étude ont surgi, se sont mis à l'ouvrage, républicains et monarchistes, modérés, radicaux et socialistes, *Comité de la rive gauche du Rhin* et puis *Ligue des Patriotes.*

Nos lecteurs connaissent la suite d'exposés que par tous les moyens : articles, livres, conférences, tracts, simple carte postale d'immense diffusion, poursuit la Ligue des Patriotes. Je citerai d'abord : *Au lendemain de la victoire, le nouvel équilibre européen,* par M. A. Delaire, le collaborateur de Le Play, le regretté secrétaire général de la *Société d'économie sociale,* et puis toute la campagne de Fernand Engerand. Notre ami a resserré son enseignement à l'usage de nos ligueurs dans un petit volume : *Ce que l'Allemagne voulait, ce que la France aura,* de notre *Bibliothèque de la Ligue des Patriotes.* A cette collection, qui comprend en outre *La Ligue des Patriotes,* par le bâtonnier Chenu, et le *Jusqu'au bout* de l'abbé Wetterlé, voici que s'ajoute *La rive gauche du Rhin et l'équilibre européen* par Charles Stiénon.

Nul ouvrage qui soit plus d'actualité, non seulement par son sujet, mais profondément par l'esprit européen selon lequel l'auteur examine le problème de la rive gauche du Rhin.

Dans les derniers siècles et jusqu'à ces jours-ci, les puissances avaient toujours exigé que la France fût exclue de la rive gauche du Rhin. Elles entendaient ainsi l'équilibre européen. Elles s'étaient toujours liguées contre nous dès qu'elles prévoyaient notre approche du grand fleuve. Cependant, au XVIIIe siècle, une puissance nouvelle faisait son apparition : la Prusse, que personne ne redoutait et qui eut l'habileté de se faire adjuger l'objet du litige en 1815. L'Europe persévéra dans son erreur et laissa écraser la France en 1870. Aujourd'hui, les conditions du problème sont retournées. C'est l'équilibre européen qui exige que l'influence française s'étende jusqu'au Rhin. L'Angleterre, qui n'a plus rien à craindre pour la Belgique de la part de la France, a un intérêt majeur à refouler à l'Est le peuple qui vient de menacer Calais. La Russie, qui devra contenir l'Allemagne à l'Est, ne devrait être que favorable à une extension qui permettra à la France d'en faire autant à l'Ouest. L'Italie a des intérêts communs avec la France. Trente et Trieste sont des boulevards de Paris, et la rive gauche du Rhin protège Rome : le monde latin doit se solidariser et faire barrière contre la barbarie. Quant à la Belgique, maintenant que sa neutralité a vécu, il faut qu'elle soit plus forte, et qu'elle monte la garde avec la France le long de la barrière commune.

Je ne crois pas diminuer le caractère des socialistes en disant qu'ils voudraient être à la fois français et européens, et que s'ils s'opposent à telle de nos aspirations françaises c'est d'un point de vue qu'ils croient européen ; eh bien ! peuvent-ils croire que le monde trouvera son repos tant qu'il y aura un seul soldat de l'Empire allemand sur la rive gauche du Rhin ?

Nous déposons le livre de M. Stiénon dans le dossier de la question du Rhin. Dossier d'étude, rien de plus.

Le gouvernement n'a pas arrêté étroitement les conditions de la paix. Elles dépendent d'abord des proportions de la victoire. Il s'est borné à prévoir des garanties, à étudier ses avantages, à réserver ses libertés. Et nous tous, à côté de lui, nous ne pouvons que faire passer sous les yeux du public des commentaires qui mettent leurs combattants, leurs familles, tous les citoyens en mesure de dégager ce qui est utile à la France et à la paix mondiale.

Toutes ces études officielles ou privées ne prendront vie que par la victoire et par l'assentiment de la nation légalement consultée. Mais c'est le rôle des hommes de pensée d'assembler des matériaux pour les soumettre à la réflexion de leurs concitoyens. Après des tâtonnements trop naturels, les esprits s'orientent ; des irritations s'apaisent ; une conception commune se dégage. Est-ce donc impossible que là-dessus nous nous entendions avec le plus grand nombre de ces socialistes qui sentent comme nous que si nos cœurs ou nos raisons se désunissaient, la force de la défense nationale aurait tôt fait de fléchir ?

Ils ont dû abandonner leur désir détestable d'aller causer avec les valets du Kaiser, avec ces sozialdemokrates couverts du sang de nos frères français. Qu'ils redoutent de garder dans leur esprit des manières de voir et de sentir acquises dans leurs congrès internationaux secrètement germaniques. Ils se préoccupent de savoir si les idées que notre gouvernement se fait de la paix utile à la France sont étroitement d'accord avec les principes que les révolutionnaires russes ont élaboré dans les âpres et douloureuses rêveries de l'exil, du bagne et des conspirations. Mais dans la formation de ces scrupules que nous opposent quelques Russes (de la plus haute élévation morale, certes, mais dénués d'expérience politique), quelle est la part des agents allemands? En vérité, pour des révolutionnaires russes, l'essentiel c'est qu'on aboutisse à une paix qui sauvegarde et garantisse définitivement l'indépendance de la France en face de l'Allemagne, car, du côté de la France, la Russie révolutionnaire n'a rien à redouter et du côté de l'Allemagne impériale il saute aux yeux qu'elle doit tout craindre.

Maurice BARRÈS.

La rive gauche du Rhin et l'Équilibre Européen

I

La guerre actuelle — bien plus encore que celle de 1870-71 — a remis en discussion nombre de problèmes en apparence effacés par le temps. On peut même dire que les grandes questions internationales qui agitent l'Europe et le monde, depuis des siècles, se trouvent, pour la première fois, soulevées toutes ensemble, dans une mêlée sans précédent. La paix dont on commence à entrevoir les signes précurseurs ne sera vraiment une paix durable que si elle leur assigne les solutions commandées par la justice, le droit et le repos du monde.

La question de la rive gauche du Rhin est une

de celles-là. Elle paraissait oubliée : — aujourd'hui encore son réveil subit surprend beaucoup d'esprits. Elle n'était qu'assoupie : les événements se sont chargés de lui rendre toute son ampleur et toute son acuité.

L'auteur responsable de ce revirement, chacun le sait et le voit, c'est l'Allemagne. La rive gauche du Rhin avait fait, pendant de longs siècles, l'objet des constantes revendications des générations françaises qui nous ont précédés. La France l'avait tenue en 1795, perdue en 1814, regrettée et réclamée pendant une moitié du XIXe siècle. Puis, le temps avait passé : une longue paix peu à peu habituait les Français à la mauvaise et dangereuse frontière des traités de Vienne. On s'était fait à cette idée fausse que le partage de la rive gauche en deux : l'Alsace à la France : Mayence, Trèves et Cologne aux Allemands, constituait une solution bâtarde, ne contentant personne et par cela même satisfaisant à peu près tout le monde, et offrant, dès lors, la plus grande somme de sécurité contre de futurs conflits.

La Prusse, en 1870, s'est chargée, une première fois, de nous détromper. Elle a dissipé, dès le début de la guerre, une profonde erreur militaire en faisant voir aux Français quelle excellente base d'opération elle possédait dans le Palatinat et le pays rhénan, pour envahir à l'improviste l'Alsace et la Lorraine. Par le traité de Francfort, elle a renvoyé dans le domaine des songes creux, d'où elle ne devrait plus sortir, la conception du partage de la rive gauche, en se l'adjugeant tout entière, de Bâle à la frontière de Hollande.

La blessure saigne encore, et pourtant les yeux n'étaient qu'à moitié dessillés. Les revendications du sentiment national français, depuis 1871, n'ont guère été plus loin que la Lorraine et l'Alsace. Et il faut le dire à l'honneur de la France : si elle s'est cantonnée dans cette aspiration incomplète, c'est qu'elle ne pouvait se délivrer de cette illusion puérile et tenace que, peut-être, un jour, ses provinces perdues en 1871 lui seraient rendues sans guerre. Plus d'un patriote espérait en la justice immanente, ainsi entendue. N'en sourions pas : si les Français avaient vu la vérité en face, s'ils s'étaient parfaitement rendu compte que, pour reconquérir Strasbourg et Metz, il faudrait nécessairement faire tuer un nombre de jeunes Français égal à la population des pays annexés, le nom de l'Alsace-Lorraine se serait évanoui sur leurs lèvres. Comment donc auraient-ils osé regarder plus loin encore? Et quel crime n'auraient-ils pas cru commettre en revendiquant des pays qu'ils ne pouvaient conquérir — l'illusion n'était pas permise — qu'au prix de torrents de sang?

Ce crime, devant lequel la France reculait, n'a pas arrêté l'Allemagne qui, elle, l'a commis froidement, avec une implacable préméditation. Pour réaliser ses monstrueux projets, elle a signé l'arrêt de mort d'une bonne part de l'humanité. L'heure approche où elle expiera sa faute, et payera sa dette. Les débats que nous avions scrupule de reprendre sont largement ouverts, car tout est bouleversé et tout est remis en cause.

La vieille question du Rhin, une des premières, se dresse à nouveau de toute sa hauteur. Raisons historiques et raisons nationales, raisons militaires et raisons économiques : tout appelle la France sur la rive gauche, tout l'oblige à y prendre pied, à y établir sa ligne de défense, à réincorporer au territoire français ce grand angle du Nord-Est qui en fait partie intégrante, et sans lequel le pays resterait éternellement mutilé.

II

Il ne s'agit ici que du point de vue diplomatique.

Durant des siècles, la France a convoité et revendiqué la rive gauche du Rhin. Elle l'occupa quatre fois sous Louis XIV, deux fois sous Louis XV ; elle l'annexa sous la République. Toutes les fois que ses armées en foulèrent le sol, elle vit l'Europe se liguer contre elle. L'équilibre européen — cette notion moderne qui date à peine de la paix de Westphalie — s'est constitué, en majeure partie, sur cet axiome. Il était de tradition, sinon de dogme, qu'en s'avançant sur le Rhin, la France rompait l'équilibre, et que l'Europe, menacée, devait prendre les armes.

On eût dit que c'était le point de cristallisation de toutes les alliances anti-françaises. Aussi, la France ne connut-elle la paix — la grande paix du XIXe siècle, de 1815 à 1870, à peine troublée par les guerres extérieures de Crimée et d'Italie, — que le jour où elle cessa de faire du Rhin l'objet perpétuel de ses espoirs et de ses expéditions militaires.

Il semblerait qu'il y eût là comme une loi naturelle et historique dont l'examen s'impose, alors que la question reprend une actualité nouvelle et brûlante.

Pourtant, cette loi n'a-t-elle pas cessé d'être vraie, en supposant qu'elle l'ait jamais été?

Les termes du problème ne sont-ils pas radicalement devenus tout autres?

Pourquoi l'agrandissement de la France au Nord-Est était-il considéré — jusqu'en 1870 — comme incompatible avec la paix du monde? Ne serait-ce pas pour des raisons qui, désormais, perdent de leur valeur? Mieux encore, ces raisons-là ne se retournent-elles pas, aujourd'hui, en faveur de la France? Bien plus, la question n'a-t-elle pas changé de face à ce point qu'il devient possible de faire entrevoir comme réalisable et souhaitable, indispensable même, ce qui, il y a cinquante ans encore, paraissait — et non sans motif — plein de chimères et gros de périls?

En termes précis : l'équilibre européen, cet élément de stabilité inséparable de toutes les refontes ou même des simples modifications de la carte, et qui fut longtemps opposé à l'extension de la frontière française, ne réclame-t-il pas cet agrandissement?

Le développement de la France jusqu'au Rhin, loin de constituer un danger public, n'est-il pas une des conditions de la paix du monde?

III

Il faut, pour s'en rendre compte, remonter dans l'histoire et se rappeler dans quelles circonstances, et à la suite de quels événements, l'Europe fut amenée à mettre, pour sa sécurité, réelle ou prétendue, une barrière à l'expansion française.

C'est en 1522 que Henri II reprit la tâche de Charles VII. Il entra dans Toul, dans Verdun, dans Metz. Ces conquêtes n'étaient elles-mêmes que la preuve de visées plus larges, et le maréchal de Vielleville pouvait dire : « Toute la jeunesse se dérobait de père et de mère pour se faire enrôler; les boutiques demeuraient vides d'artisans, tant était grande l'ardeur, en toutes qualités de gens, de faire ce voyage et de voir la rivière du Rhin! ».

A partir de cette date, la politique française est orientée, et pour des siècles, dans le même sens. On abandonne d'une manière définitive les expéditions italiennes. Les armées françaises ne rentrent plus en Lombardie, si ce n'est pour combattre l'Autriche. La France fait face à l'Est, aux Allemands, en adversaire décidé de la puissance qui détient encore un morceau considérable du sol français.

C'est la pensée et le dessein d'Henri IV, de Richelieu, de Mazarin, dont Albert Sorel écrivait justement qu'ils ont été « les immortels ouvriers de la grande œuvre européenne de l'ancienne France : les traités de Westphalie ».

Henri IV fut arrêté par le poignard de Ravaillac, mais ses projets n'étaient pas douteux. Comme l'écrivit, en 1680, Sandras de Courtilz, « il voulait rendre à la France ses premières bornes et porter la frontière du côté de l'Orient jusqu'au rivage du Rhin ».

Après lui, — après l'erreur du ministère de Luynes qui laissa l'Autriche écraser la Bohême à la Montagne Blanche — la politique française fut ramenée par Richelieu dans sa voie traditionnelle. « La suzeraineté du duché de Lorraine, disait-il, n'appartient à l'empereur que par une antique usurpation sur la couronne de France ».

L'Allemagne était trop puissante. Il fallait la réduire, et le plan du cardinal consistait — déjà ! — à rendre certains états indépendants de l'empire germanique. Une Allemagne fractionnée, morcelée en états autonomes et hostiles, devait offrir moins de résistance. Aussi, était-il très essentiel « de tenir sous main les affaires d'Allemagne en aussi grande difficulté qu'il se pourrait ».

Telle fut, pour Richelieu, la capitale et l'indispensable condition de l'équilibre européen. Afin que la France pût tenir tête à l'Allemagne, on devait égaliser les territoires, et avant tout diviser l'énorme empire germanique en morceaux dont un, celui qui avait été injustement détaché de la France, devait, de toute nécessité, lui revenir.

Richelieu déclarait au roi, en 1629 : « Il faut penser à se fortifier à Metz et s'avancer jusqu'à Strasbourg, s'il est possible, pour acquérir une entrée en Allemagne, ce qu'il faut faire avec beaucoup de temps, grande discrétion et une couverte conduite ». Il s'autorise ainsi de Henri IV dont il aime à dire dans ses mémoires : « peut-être l'appétit lui fût-il venu en mangeant, et qu'outre le dessein qu'il faisoit pour l'Italie, il se fût aussi résolu d'attaquer la Flandre, où ses pensées se portoient quelquefois, aussi bien... qu'à rendre le Rhin la borne de la France... ».

En 1633, il déclare à Louis XIII qu'après s'être

emparé de la Lorraine, « on pourroit insensiblement étendre les limites de la France jusqu'au Rhin... ». Il demandait, alors, à l'un de ses conseillers un mémoire où l'on peut lire : « L'empereur n'a aucun droit sur les terres qui sont en deçà du Rhin que par usurpation, d'autant que cette rivière a servi de frontière à la France..... cinq cents ans durant. Et quand le comté de Champagne a été réuni à la couronne par le mariage de l'héritière de Champagne avec Philippe le Bel, il fit un traité à Vaucouleurs avec l'empereur Albert et les prélats et barons de l'Empire, par lequel il est dit que les limites de la France seront jusqu'à la rivière du Rhin, ainsi que d'ancienneté ».

Richelieu, qui connaissait la valeur de l'opinion publique, — puissent quelques-uns de nos diplomates l'imiter ! — ne cessa de la travailler en ce sens, par ce que nous appellerions, aujourd'hui, une campagne de presse : « Il ne se contenta point, dit Sorel, de poursuivre ces revendications par la négociation et par la guerre. Il voulut que sa politique fût nationale et que l'opinion publique le soutînt ». De là, une série d'ouvrages composés sous son inspiration, et qui parurent, tant sous son gouvernement que dans les premiers jours de celui de son successeur. Ils avaient pour objet d'éclairer les Français sur la raison d'être et les conséquences du vaste plan de guerre et de diplomatie qui devait aboutir au traité de 1648.

Chantereau-Lefèvre, un des premiers publicistes qui travaillèrent ainsi, conduits et inspirés par le cardinal, écrivait, en 1642, qu'une vérité devait éclater aux yeux de tous : « Le grand continent de terre qui est situé entre la mer Océane et Méditerranée, et qui a pour bornes *le fleuve du Rhin* et les monts Pyrénées... » autrement dit toute l'ancienne Gaule, appartenait aux Francs. Il ajoutait « : Le rétablissement de ces bornes » (frontières naturelles) donnerait « une paix honorable et sûre, non seulement à la France, mais à toute la république chrétienne, qui a été incessamment troublée depuis sept vingts ans par ceux qui, après avoir envahi sur la couronne franc-gauloise quantité de beaux et importants Etats, ont fait leurs efforts de ravir le reste et de mettre en servage tous les princes chrétiens sous ce fastueux titre de cinquième monarchie qui devait engloutir tout l'Occident ».

Ces vues remarquables sont à retenir, car elles traduisent non seulement la légitime ambition de la France de reprendre son domaine, mais l'idée nettement exprimée que cette restitution assurera la paix de l'Europe. Une France agrandie, rendue à ses anciennes limites, apparaissait comme la condition essentielle de l'équilibre si extraordinairement dérangé par la monarchie de Charles-Quint. Les souvenirs du règne de François Ier, luttant seul à armes inégales contre l'immense empire qui entourait la France de toutes parts, étaient encore trop présents pour que cette vérité ne parût pas évidente à tous.

Le testament politique de Richelieu — quelle qu'en soit d'ailleurs l'authenticité — et qui est, en tout cas, l'expression très certaine de la politique du Cardinal, la définit dans les termes les plus précis :

« Le but de mon ministère, y est-il dit, a été de rendre à la Gaule les frontières que lui a destinées la nature, de rendre aux Gaulois un roi gaulois, de confondre la Gaule avec la France, et, partout où fut l'ancienne Gaule, d'y rétablir la nouvelle ».

A peine Mazarin avait-il succédé à Richelieu (1642) qu'il déclarait « la nécessité d'étendre nos frontières au Rhin de toutes parts ».

Le 20 janvier 1646, il écrivait à d'Avaux, en lui faisant part de ses projets : « L'on auroit étendu les frontières jusques à la Hollande, et, du côté de l'Allemagne, qui est celui d'où l'on peut beaucoup craindre, jusques au Rhin, par la rétention de la Lorraine et de l'Alsace et par la possession du Luxembourg et de la Comté de Bourgogne (Franche-Comté)... Ce seroit sortir avec tant de fruit et de réputation de la présente guerre que les plus malins seroient bien en peine d'y trouver à redire; tant de sang répandu et de trésors consommés ne pourroient être tenus par les plus critiques que fort bien employés, quand on verroit annexé à cette couronne tout l'ancien royaume d'Austrasie... » Est-il besoin d'ajouter que l'ancienne Austrasie était, précisément, la région comprise entre le Rhin d'une part, l'Escaut et la Meuse de l'autre?

M. Jacques Bainville, dans son *Histoire de deux peuples*, caractérise ainsi cette période de notre histoire diplomatique : « Richelieu fit en sorte que la France apparût comme la pacificatrice désintéressée et le recours équitable de tout ce qui avait sujet de se plaindre ». Et plus loin, à propos de l'extension française vers le Rhin :

« Mais surtout les populations catholiques, les plus voisines de notre pays, les plus latinisées aussi, les plus assimilables par conséquent, passaient dans notre amitié, on peut même dire sous notre protectorat : ces bonnes relations devaient durer jusqu'en 1870. La Ligue du Rhin, que le cardinal de Mazarin noua un peu plus tard, faisait de l'Allemagne rhénane et de l'Allemagne du Sud une sorte de marche du royaume. C'étaient des alliés qui formeraient un rempart contre la ruée toujours possible des tribus germaniques, plus lointaines et plus barbares, et qui, en même temps, se laisseraient pacifiquement pénétrer par nos idées et par nos mœurs. L'extension de notre frontière jusqu'au Rhin s'accomplirait, dès lors, sans heurts et sans risques ».

En plein XVIIIe siècle encore — (tant les traditions de Richelieu imprégnaient toute la politique française, même après de cruelles désillusions), — on retrouve dans un mémoire adressé au roi, en 1744, par un maître des requêtes de son Conseil d'État, le passage que voici : « La France, effectivement, doit se tenir bornée par le Rhin et ne songer jamais à faire aucune conquête en Allemagne. Si elle se faisait une loi de ne point passer cette barrière et les autres que la nature lui a prescrites du côté de l'Occident et du Midi, la mer Océane, les Pyrénées, la Méditerranée, les Alpes, la Meuse et le Rhin, la France deviendrait alors l'*arbitre* de l'Europe et serait en état d'y *maintenir la paix* au lieu de la troubler ».

Cependant, les aspirations de Richelieu et de Mazarin se traduisaient par des actes. L'Alsace avait été conquise. Brisach tombait. En 1643, après les combats de Fribourg, Condé et Turenne, par une marche aussi rapide que hardie, descendaient le Rhin et s'emparaient de toute la rive gauche jusqu'à Cologne. On put même croire un instant que le territoire national allait être intégralement reconstitué. Les campagnes suivantes furent des campagnes en Allemagne. La guerre, commencée à Corbie, s'achevait à Nordlingen.

Le traité de Westphalie (1648), si souvent célébré depuis et non sans cause, d'ailleurs, n'en marquait pas moins un recul sérieux, surtout dans les plus légitimes espérances de la France. Elle y gagnait l'Alsace ; et, encore, les termes du traité étaient-ils conçus de telle sorte que toutes les « querelles d'Allemands » restaient possibles sur leur interprétation. Alors que le comte d'Avaux et Abel Servien, les deux ambassadeurs de France, écrivaient à la régente : « Brisach et son territoire, les deux Alsaces et Sundgau nous sont accordés. Votre Majesté aura cette gloire que, dans un temps de minorité, elle aura étendu les limites de la France jusqu'à ses plus anciennes bornes », les Allemands, de leur côté, entendaient bien céder, seulement, les domaines des Habsbourgs, situés en terre alsacienne. C'était la Basse-Alsace exclue en fait du traité qui, pourtant, l'avait cédée à la France en toute souveraineté, « *absque ulla reservatione, cum omnimoda jurisdictione et superioritate supremoque domino* ». Il fallut l'accord de 1681, les Chambres de Réunion et les lois révolutionnaires pour rattacher définitivement à la France Strasbourg, Landau et Haguenau, Wissembourg, Colmar et Munster.

Ainsi, l'Alsace réunie à la France, à l'état de conquête contestée et incertaine : tout le surplus de la rive gauche abandonné : tel était le résultat incomplet de — vingt ans de guerre.

Ce demi-succès tenait à plusieurs causes.

D'abord, la paix fut conclue en pleine révolution intérieure. Les troubles de la France avaient —

en partie — paralysé les négociations, et ce ne devait pas être la dernière fois que les guerres civiles compromettraient les effets de la victoire.

Ensuite, la lutte continuait avec l'Espagne, maîtresse des Pays-Bas. Elle dura dix ans encore, et se termina par la seule cession de l'Artois : La paix des Pyrénées (1659) laissait aux Espagnols toute la Belgique actuelle et le département français du Nord, sans parler de la Franche-Comté.

Enfin, et surtout, les revendications de la France trouvèrent, à Munster, une opposition décidée de la nation qui, pendant toute la guerre, avait été son alliée contre l'ennemi commun espagnol, la Hollande. Dès le 30 janvier 1648, les Hollandais avaient fait avec l'Espagne une de ces paix séparées qui disloquent les coalitions et laissent l'allié de la veille affaibli et réduit à lui-même. Cette volte-face, il est vrai, leur avait rapporté de beaux avantages tant en Europe qu'en Amérique, y compris la fermeture de l'Escaut — qui ruinait Anvers. Ce fut la France qui paya. Le Rhin et les Pays-Bas restèrent à l'ennemi.

C'était là plus qu'un incident. Au moment même où la France commençait à réaliser sa politique déjà séculaire, tout à coup, un obstacle surgissait, imprévu, menaçant. Ses hommes d'État s'étaient persuadés qu'en conquérant le Rhin ils allaient fonder la paix en Europe, en lui assurant son équilibre définitif : et voici qu'au nom de cet équilibre même, l'Europe tout entière, se retournant contre la France, se plaçait en travers de sa marche vers l'Est.

C'est qu'en effet l'Europe entendait l'équilibre européen autrement que la France. Ne considérait-elle pas, et non sans une certaine raison, que la France, à cette époque beaucoup plus peuplée, et déjà beaucoup plus riche que les autres pays, Angleterre et Hollande comprises, acquérait, par la possession de la rive gauche, une supériorité écrasante? Un sentiment nouveau commençait à poindre partout : l'inquiétude des ambitions françaises. De fait, à partir de cette date, débute la série des grandes coalitions contre la France qui se succèdent sans interruption jusqu'en 1815. Il y en eut quatre sous Louis XIV, deux pendant le règne de Louis XV, six aux jours de la République et de l'Empire, sans compter les guerres particulières : au total, en un peu plus d'un siècle et demi, — soixante-deux années de guerre. Si l'Europe a soutenu si longtemps cette lutte obstinée, c'est en grande partie pour empêcher la France de s'agrandir.

Louis XIV en fit le premier l'expérience. Lorsqu'il entreprenait, en 1668, la conquête des Pays-Bas, il fut arrêté par un premier essai de coalition, la triple alliance : la Hollande, l'Angleterre, la Suède s'unissaient contre lui. Déjà les Anglais, même sous un roi Stuart, se joignaient à nos ennemis. Louis XIV dut se contenter des rectifications de frontières obtenues à Aix-la-Chapelle, ce que, d'ailleurs, il n'oublia pas. En 1672, après s'être prémuni, grâce au traité de Douvres, contre l'hostilité anglaise, il attaquait son principal adversaire, la Hollande, et peu s'en fallut qu'il ne réussît. Si la campagne de 1672 avait atteint son but, le Rhin inférieur tout entier devenait français : le reste de la rive gauche et des Pays-Bas espagnols seraient ensuite tombés entre ses mains par le seul cours du temps, comme la Lorraine y est venue après la conquête de l'Alsace.

Le sort des armes en décida autrement. Louis XIV dut abandonner la Hollande, se rejeter sur les territoires espagnols, la Franche-Comté et un nouveau morceau des Flandres. Le traité de Nimègue, aux glorieuses apparences, n'était, au fond, qu'un échec, et la situation demeura plus que jamais périlleuse.

On le vit bien dix ans plus tard. La date de 1688 marque un tournant de l'histoire. La révolution d'Angleterre suscita à la France un ennemi de plus, et quel ennemi ! Pendant cent vingt-sept ans, il n'en sera point de plus acharné. On peut même dire avec exactitude qu'au cours de ce long siècle l'Angleterre eut pour but primordial dans sa politique de mettre une barrière à l'extension de la France : elle ne devait s'arrêter que le jour où ce but serait atteint — après Waterloo !

Pourtant, il faut s'entendre. Ce que la Grande-Bretagne n'admettait pas, ce qu'elle n'a jamais admis — disons même, n'admettra jamais — c'était la conquête par la France des Pays-Bas espagnols, de la Belgique actuelle. Depuis 1688, elle ne les a plus laissé entamer, et les conquêtes d'Aix-la-Chapelle, celles de Nimègue ne se sont répétées ni à Ryswick, ni à Utrecht. Ce fut un dogme pour la politique anglaise que les Pays-Bas ne devaient à aucun prix devenir français. N'était-ce pas trop déjà que la France eût repris Calais et conquis Dunkerque ? Aussi, cette dernière place ne lui fut-elle laissée que sous des conditions humiliantes et toujours répétées de démantèlement. L'Angleterre ne pouvait souffrir que les fleurs de lis flottassent à Ostende, sur Bruxelles, surtout dans Anvers. La France sur l'Escaut, qu'était-ce, sinon toute la côte en face de Londres et de Douvres aux mains du roi très-chrétien : sinon la menace perpétuelle contre son commerce et contre ses ambitions maritimes, peut-être même contre son existence? Dès 1677, un agent français écrit de Londres : « Il a passé tout d'une voix dans la Chambre basse que les Anglais vendront jusqu'à leurs chemises pour faire la guerre à la France pour la conservation des Pays-Bas ». Manifestation du sentiment national britannique, qui fait songer à celle que nous voyons aujourd'hui.

Mais si la Grande-Bretagne est intraitable sur ce point, elle se montre plus accommodante sur la question du Rhin, — tout au moins en tant que les deux questions ne sont pas liées ensemble. Il est essentiel pour l'Angleterre qu'Anvers ne soit pas français; il est déjà sans importance que Strasbourg le soit, et assez indifférent en soi que Mayence et Cologne le deviennent.

La politique allemande était tout autre, car la rive gauche du Rhin l'intéressait avant tout. Elle fait bon marché des Pays-Bas : on le voit le jour où ils deviennent autrichiens, après Utrecht. L'histoire du XVIIIe siècle, surtout au terme de cette période, est pleine des projets d'échange ou de cession de la Belgique ; l'Autriche préférait de beaucoup des territoires plus à sa portée. Mais, si aucun de ces projets n'aboutit, cela tient encore à l'irréductible opposition des Anglais.

Quant à la Russie, elle partage les vues allemandes. Déjà, son ambition est en Pologne, en Orient. Mais à Varsovie comme à Constantinople, elle trouve la diplomatie française qui lui barre le chemin. Aussi considère-t-on en Russie que tout accroissement de la puissance française, surtout si ce doit être un agrandissement à l'Est, porterait un coup fatal aux ambitions nationales.

« Ce n'était pas assez, dit Sorel, d'avoir pris aux Polonais la Russie Blanche et aux Turcs la Crimée, d'avoir fait boire les chevaux des Russes dans le Danube et promené victorieusement leurs vaisseaux dans la Méditerranée, l'Adriatique et l'Archipel, d'avoir appelé les Grecs à la guerre sainte et de s'être érigée en protectrice des chrétiens assujettis au sultan. Catherine voulait pousser jusqu'à son terme le dessein traditionnel des tsars, réaliser le rêve du peuple russe, expulser l'infidèle de l'Europe et rendre à l'orthodoxie sa métropole purifiée. Rétablir à Constantinople l'empire grec au profit de son petit-fils Constantin qu'elle y avait destiné dès sa naissance, former entre cet empire, qui s'étendrait jusqu'au Danube, et la Russie, qui s'arrêterait au Dniester, un État intermédiaire qui prendrait le nom de Dacie, tels sont les projets qu'avait arrêtés la Tsarine dès 1782 et qu'elle comptait accomplir au moyen de son alliance avec l'Autriche ».

Au moment où Catherine II dessine ce projet, elle sait, à n'en pas douter, que la France n'en permettra point la réalisation, si elle en a la force. Plus tard, Alexandre devait s'en apercevoir à Tilsitt. Entre lui et Napoléon, ce fut un éternel malentendu, ou plutôt une réelle impossibilité de s'entendre, voilée sous des dehors de fausse confiance et d'amitié simulée. Napoléon était bien décidé à ne céder Varsovie que contre des compensations que la Russie ne voulait pas admettre : et, à coup sûr, ces compensations-là n'auraient jamais compris Constantinople. Ainsi, Catherine II ne s'était pas trompée : l'extension française signifiait la ruine du rêve russe. Et pour abattre la

France que fallait-il, sinon l'atteindre dans ses œuvres vives, séparer la France du Rhin? Lorsque le sort des armes eut tourné, ce fut la Russie qui songea la première à refouler la France au delà de la rive gauche.

Nesselrode, dès 1817, dans un mémoire au tsar, cité par Sorel, développe cette pensée qu'il ne suffit point « d'avoir jeté le colosse à terre et rompu le joug du blocus ». La Russie n'avait pas remporté cette immense victoire pour s'arrêter là : « Les cordes sont tendues autant que possible, poursuit Nesselrode : c'est donc un état de paix stable et solide que réclament les intérêts bien entendus de la Russie, après que ses succès contre les armes françaises ont garanti sa conservation et son indépendance. La manière la plus complète dont ce but pourrait être atteint serait, sans doute, que la France fût replacée dans ses *limites naturelles ;* que tout ce qui n'est pas situé entre *le Rhin et l'Escaut,* les Pyrénées et les Alpes, cessât d'être soit partie intégrante de l'empire français, soit même sous sa dépendance ». Il est hors de doute que grâce à cette équivoque perfide, soigneusement entretenue par les alliés pendant toute l'année 1813 et jusqu'en 1814, le diplomate russe entendait bien la limite du traité d'Utrecht qui *passe*, en effet, par le Rhin et par l'Escaut.

Ainsi donc, hostilité de l'Autriche, hostilité de l'Allemagne et hostilité de la Russie, dès que la France s'avisait de toucher à la rive gauche ; hostilité encore de l'Angleterre, à laquelle la Hollande était rivée, aussitôt que la France paraissait diriger ses ambitions vers les Pays-Bas. Et comme les deux questions se touchaient et se pénétraient de toutes parts, c'était la coalition en permanence dirigée contre la France, jusqu'au jour où elle se serait enfin résignée et d'une manière irrévocable aux limites que lui fixèrent les traités de Nimègue et d'Utrecht.

On voit, dès lors, combien Henri IV et Richelieu et Mazarin s'étaient fait illusion, s'ils avaient en effet imaginé, comme ils l'ont laissé dire, que la conquête du Rhin établirait la paix et l'équilibre européens. C'est au nom de ce même équilibre que l'Europe a fait pendant cent cinquante années la guerre à la France pour empêcher son extension. C'est le jour où elle crut l'avoir enrayée qu'elle considéra, aux traités de Vienne de 1815, avoir enfin établi les bases d'un apparent équilibre. Et cette apparence ne semblait pas si trompeuse :

les traités de Vienne n'ont-ils pas assuré à toute l'Europe cinquante-cinq années de paix relative?

Il faut bien le dire : ce que Richelieu et Mazarin, après Henri IV, appelèrent la paix, c'était cette « paix française » qui n'aurait permis à aucune des nations de l'Europe de remuer sans la permission du roi de France, et il est assez aisé de comprendre que cette façon d'entendre l'équilibre ne fût pas du goût de chacun.

V

Pourtant, dès cette époque, on peut dire que tout le monde se trompait. Un nouveau facteur, dont la diplomatie mit plus d'un siècle à saisir la valeur, était venu déranger tous les calculs : la Prusse était déjà entrée en scène.

Frédéric II, suivant l'invariable et constante méthode prussienne, avait commencé par faire le bon apôtre. Obligé de s'attaquer, d'abord, à l'Autriche, il ménageait et flattait la France, et lui laissait même croire — jouant le jeu répété tant de fois depuis et en dernier lieu par Bismarck, en 1866 —, qu'elle aurait tout à gagner à s'allier avec lui et qu'elle y trouverait l'unique occasion de réaliser ce « pré carré », depuis si longtemps l'objet de ses rêves.

On lit dans ses mémoires, à la suite de 1738 : « Du côté de l'Orient, la France n'a d'autres limites que celles de sa modération et de sa justice. L'Alsace et la Lorraine démembrées de l'Empire ont reculé les bornes de sa domination. Il serait à souhaiter que le Rhin pût continuer à faire la lisière de cette monarchie..... Pour cet effet, il se trouve un petit duché de Luxembourg à envahir, un petit électorat de Trèves à acquérir par quelque traité, un duché de Liége par droit de bienséance ; les places de la Bavière, la Flandre et quelques bagatelles semblent devoir être nécessairement comprises dans cette réunion ; et il ne faudrait à la France que le ministère de quelque homme modéré et doux, qui, prêtant son caractère à la politique de la Cour, conduisît, à l'abri de dehors respectables, ses desseins à une heureuse issue ».

Frédéric II ne pensait pas un mot de ce qu'il écrivait alors. Mais l'opinion publique allemande aurait été loin de le suivre, s'il avait dévoilé toute sa pensée, car la rive gauche du Rhin la laissait dans une complète indifférence.

En 1760, un publiciste allemand, Bielfeld, écrivait : « Si le système politique de la France se réduit à mettre les mers, les Alpes, les Pyrénées et le Rhin pour frontière à ses États, c'est assurément dicté en plein par la sagesse ». Quand on se reporte à ce qui se disait et s'écrivait en Allemagne à la fin du XVIIIe siècle, on est confondu de voir à quel point les Allemands d'alors faisaient bon marché de cette rive gauche du Rhin, devenue, depuis, le thème de toutes leurs hâbleries. Le fameux « Rhin allemand », dont nos oreilles ont été tant rabattues, date de cent ans à peine.

C'est vers 1813 seulement qu'un pangermaniste notoire, E.-M. Arndt, inventa le Rhin « fleuve allemand ». Il faut lire ses invectives contre les Allemands de son époque qui ne comprenaient rien à sa formule : « Le Rhin fleuve de l'Allemagne, mais non frontière de l'Allemagne » (der Rhein, Deutschlands Strom, aber nicht Deutschlands Grenze). En quels termes amers oppose-t-il les incessantes revendications françaises à l'indifférence de ses compatriotes !

« Le Rhin est la frontière naturelle de la France, a soutenu Sully en 1600 et 1610 ; — le Rhin est la frontière naturelle de la France, s'est écrié Richelieu, en 1625 et en 1630; — le Rhin est la frontière naturelle de la France, a déclaré d'Avaux, en 1640, à Munster, dans les lieux sacrés où Arminius le Chérusque avait fait aux Romains d'autres déclarations; — le Rhin est la frontière naturelle de la France, dirent, de 1670 à 1700, Louvois et Colbert dans les conseils de Louis XIV et chantèrent dans les antichambres les poètes de la cour, Boileau et Racine; — le Rhin est la frontière naturelle de la France, hurlèrent de 1790 à 1800 les monstres sur les bords de la Seine ». Et il ajouta : « Beaucoup d'Allemands ont trouvé cette frontière vraiment toute naturelle, et ont cherché à le démontrer avec les Français et pour les Français... Il y a encore et toujours beaucoup de gens qui font comme si (qui s'épuisent même à prouver et à démontrer que) le Rhin, frontière entre la France et l'Allemagne, est une chose naturelle et qui va de soi. Tel est l'effet des vieilles formules, répétées à satiété, sur des cerveaux qui se croient sérieux et qui ont si peu l'habitude de penser par eux-mêmes. La mode est aux opinions étrangères, tout spécialement aux boniments et aux sophismes français, que nous allons répétant niaisement, dans un pays qui se vante du sérieux et de la profondeur de ses conceptions ».

Et ailleurs : « Les Allemands se sont laissés fourvoyer par ces bavards (les Français) au point de se persuader que leur revendication (de la rive gauche du Rhin) n'est vraiment pas si contraire à l'équité ».

« J'ai dit, écrit-il encore, ce que j'avais à dire sur notre Rhin. Puissent ces paroles ailées ne pas se dissiper au vent. Il s'agit à coup sûr de notre bonheur ou de notre malheur dans un prochain avenir, et je voudrais avoir traité le sujet de telle manière que tout Allemand en comprît l'importance, en fût pénétré et touché jusqu'au cœur. Je pourrais dire, alors, que j'ai sauvé mon âme, car il ne suffit pas d'avoir parlé pour donner le repos à la conscience ».

Ce qu'écrivait Arndt en 1813, la politique prussienne l'avait conçu et en poursuivait le dessein, dès l'avènement de Frédéric II.

Après Mollwitz (1741) et la conquête de la Silésie, il y eut quelque chose de changé en Europe. Si l'équilibre européen avait pu reposer, jusque-là, sur la nécessité de refréner les ambitions françaises, si la limite d'Utrecht avait paru tenir une égale et équitable balance entre les grandes et maîtresses nations de l'Europe, l'apparition d'une puissance nouvelle, plus ambitieuse que toutes les autres, ne pouvait que brouiller les cartes et bouleverser tous les éléments du problème.

Comme il arrive, on s'en aperçut trop tard. Seuls, Louis XV et Marie-Thérèse, en 1756, comprenant le danger, sentirent qu'à la rivalité de la France et de l'Autriche il fallait substituer l'alliance et s'unirent en effet. L'opinion publique désorientée et les historiens aveugles leur en ont fait un crime. La révolution française réagit avec violence contre cette prétendue trahison des traditions françaises. L'infortunée Marie-Antoinette attira sur sa tête, de ce seul fait, la plus absurde des haines. Les politiques de la révolution, par contradiction, se jetèrent à corps perdu dans l'alliance prussienne. Jamais erreur ne fut si tenace : l'illusion résista à tous les désastres; elle vivait encore en 1866 : il fallut Sadowa pour lui porter le dernier coup.

Ce qui peut atténuer les fautes de la politique française, c'est que l'erreur ne fut pas particulière à la France. Ne fut-elle point partagée par ses ennemis même qui la poussèrent, si possible, plus loin encore? L'Angleterre ne vit rien. Elle ne comprit ni la paix d'Hubertsbourg, en 1763, ni celle de Vienne, en 1815; comme la France, elle supporta l'écrasement du Danemark en 1864; elle resta spectatrice en 1866; elle assista impassible à l'agonie de la France, en 1870. Il a fallu les événements actuels pour la réveiller : réveil splendide, et qui efface les fautes du passé, mais qui en laisse — provisoirement — subsister tous les terribles résultats.

Quant à l'Autriche, où l'opinion publique, toujours hostile à la France, avait salué avec joie le retour à l'ancienne politique, en 1792, on peut dire d'elle que, malgré Sadowa, elle n'a pas encore compris. Il n'est pires sourds que ceux qui ne veulent point entendre. L'Autriche n'a voulu écouter aucun avertissement, et pourtant on lui en donnait de bonne part. Elle court, en ce moment même, et de gaieté de cœur, dirait-on, à son absorption ou à sa dislocation; de toutes façons, que peut-elle donc attendre, sinon d'être anéantie? Peut-être ouvrira-t-on les yeux à Vienne, mais quand il sera, décidément, trop tard.

Ainsi, durant près de deux siècles, trois grandes puissances auront offert au monde ce curieux spectacle de se combattre avec acharnement, au nom d'une politique traditionnelle, pour empêcher l'une d'elles d'accroître son territoire, et cela, tandis qu'une quatrième, manœuvrant pour son compte et sans se soucier de personne, s'alliant ou feignant de s'allier, tantôt avec l'une, tantôt avec l'autre, réalisait sans obstacle, à l'Est, au Sud et au Nord, ce « pré carré » qu'on refusait si obstinément à la France, et par une ironie du sort, comme le Perrin Dandin de la fable, au moment de la conclusion de la paix « définitive! » de 1815, s'emparait, précisément, de l'objet du litige : — de la rive gauche du Rhin!

Il est pénible d'avoir à rappeler que le diplomate qui contribua personnellement, par ses conseils et ses intrigues, à livrer Mayence, Trèves et Cologne à la Prusse, plutôt qu'aux Saxons, aux Bavarois, ou bien à un pays secondaire moins menaçant, fut Talleyrand lui-même, ambassadeur de Louis XVIII.

L'équilibre européen, dès 1815, repose sur une équivoque. L'Europe garde ses chimères : elle est persuadée qu'en rejetant la France dans ses anciennes frontières, elle assure la paix pour des siècles. Tant il est vrai que les hommes, demeurant sous l'impression du passé, ne savent pas deviner les orages qui s'amoncellent!

Le gouvernement de Louis XVIII, tout le premier, partageait, tout au moins au début, cette erreur générale. N'avait-il pas obtenu la paix et rendu à la France sa place dans le concert européen par le sacrifice de Mayence et de Cologne et en consentant à reprendre les anciennes frontières? Il put se faire l'illusion que là résidait, en effet, la condition essentielle de la paix. C'était, d'ailleurs, encore revenir aux traditions de l'ancienne monarchie sur son déclin. Souvent on a cité le mémoire de Vergennes à Louis XVI : « La France, disait-il, constituée comme elle l'est, doit craindre les agrandissements bien plus que les ambitionner. Plus d'étendue seroit un poids placé aux extrémités qui affaibliroit le centre : elle a en elle-même tout ce qui constitue la puissance réelle : un sol fertile, des denrées précieuses dont les autres nations ne peuvent se passer, des sujets zélés et soumis, passionnés pour leur maître et pour leur patrie... La France, placée au centre de l'Europe, a droit d'influer sur toutes les grandes affaires. Son roi, semblable à un juge suprême, peut considérer son trône comme un tribunal institué par la Providence pour faire respecter les droits et les propriétés des souverains. Si, en même temps que

Votre Majesté s'occupe avec assiduité à rétablir l'ordre intérieur de ses affaires domestiques, elle dirige sa politique à établir l'opinion que ni la soif d'envahir, ni la moindre vue d'ambition n'effleurent son âme et qu'elle ne veut que l'ordre et la justice, son exemple fera plus que ses armes. La justice et la paix régneront partout, et l'Europe entière applaudira avec reconnaissance à ce bienfait qu'elle reconnoîtra tenir de la sagesse, de la vertu et de la magnanimité de Votre Majesté ».

M. Sorel, rappelant cette pièce historique, écrivait avec raison que « jamais la diplomatie n'avait tenu un langage aussi élevé », que « jamais plus noble proposition n'avait été présentée à un prince équitable ». Les paroles de Vergennes font, en effet, un singulier contraste avec les actes des gouvernements qui, au même moment, partageaient la Pologne. Elles font honneur à l'honnêteté de leur auteur et du roi qui les écoutait : elles en font moins, peut-être, à leur clairvoyance.

La Restauration, elle-même, ne tarda pas à le comprendre. Charles X songeait au Rhin quand il fut renversé. Mais, tout se borna à des velléités, et malgré les regrets, parfois bruyants, que la France éprouvait encore de la perte de la rive gauche, l'idée s'enracinait de plus en plus que le recul des frontières françaises — c'était la paix. Comment n'en aurait-on pas été persuadé, puisque, depuis 1815, l'Europe jouissait d'une période de repos comme elle n'en avait pas connu depuis deux siècles?

Pourtant, la quiétude des vainqueurs de 1815 faillit être troublée plusieurs fois, et chaque fois, ce leur devint une occasion de s'engager à nouveau et plus fortement encore dans leur vieille politique — antifrançaise.

La première fois, ce fut en 1830, lorsque la Belgique se séparait de la Hollande, désarticulant ce royaume des Pays-Bas, jusqu'alors considéré comme une des plus ingénieuses créations des coalisés de Vienne. On put croire, un instant, que la Belgique allait devenir française, et selon toute apparence, l'ère des grandes guerres était près de se rouvrir. La sagesse de Louis-Philippe para le coup et la Belgique fut constituée en royaume indépendant. Cette solution heureuse et si longtemps cherchée d'un problème qui avait fait couler tant de sang, est précisément l'événement qui contribua le plus — nous le verrons — à changer toute la face du débat.

La seconde fois — dix ans après — la France fut encore menacée d'une coalition européenne. Cette fois, le motif ou le prétexte en venait d'Égypte : le point essentiel, c'est qu'en 1840 encore, l'Europe n'avait pas désarmé. C'était encore et toujours à la France qu'on attribuait le rôle de trouble-fête. C'était sur Paris que l'Europe avait les yeux fixés, de peur de l'étincelle qui, partant de France, l'embraserait tout entière : et 1830 et 1848 semblaient lui donner raison. On eût bien surpris le monde, alors, en attirant son attention du côté de Berlin.

Ce n'est pas de Napoléon III qu'il était possible d'attendre une claire vue de la situation. Son lamentable règne ne fut qu'une longue erreur diplomatique. Il passa dix ans à se faire une ennemie mortelle de la Russie, le suprême espoir de la France dans l'avenir, — à combattre l'Autriche, qu'il eût fallu ramener à nous, — à créer l'Italie, dont le voisinage faillit coûter cher aux Français, — et, enfin, à favoriser, chose inouïe, l'extension de la Prusse ! Une seule fois au cours de ce règne, en 1864, à la veille de l'invasion des duchés, la France eut une raison majeure, impérieuse, de faire la guerre : ce fut la seule où elle ne la fit point. Cependant ! si elle avait tiré l'épée en 1864, on pouvait empêcher Sadowa, prévenir Sedan, désillusionner l'Europe, changer l'histoire. L'épée de la France est rentrée au fourreau. L'Europe, depuis, a perdu ses illusions et reconnu ses erreurs, mais aux dépens de qui ?

VI

Il serait facile de compter le nombre des hommes politiques, des historiens ou des écrivains qui, avant 1866, comprenaient et pressentaient le danger. Nous ne parlons pas de l'opinion publique : elle était complètement aveugle. On se faisait, peu à peu, à cette idée, en France, qu'en acceptant le recul des frontières en 1814 et en 1815, une paix durable avait été fondée; que ce sacrifice valait à la France la confiance de l'Europe et la bonne entente avec ses ennemis de la veille, et qu'après tout, si le prix avait été coûteux, le résultat obtenu était inappréciable.

Pourtant, quelques esprits plus clairvoyants donnaient un autre son de cloche. Ainsi, Edgar Quinet, dans une apostrophe peut-être un peu naïve aux Allemands qui n'étaient rien moins que disposés à l'entendre, posait-il la question avec assez de netteté, quand il leur disait : « Vous êtes d'un pays qui, depuis un siècle, non seulement a conservé tout ce qu'il avait acquis, mais encore s'est accru de diverses provinces. Vous possédez le tiers de la Pologne, les États vénitiens, la Lombardie, la Dalmatie. La ligne du Danube vous assure votre agrandissement du côté de l'Orient. Nous, au contraire, montrez-nous, je vous prie, un coin de la carte où nous n'ayons pas été dépouillés de quelque partie importante de nous-mêmes? Du côté de la mer, où sont nos îles, nos comptoirs? Ils appartiennent à vos alliés. Du côté de la terre, où sont nos places fortes? C'est vous qui les possédez. Vous ne savez que trop bien que notre frontière est non pas affaiblie, mais enlevée, et quelle énorme blessure vous nous avez faite tous ensemble, depuis la Meuse jusqu'aux lignes de Wissembourg ! Par là, notre flanc est ouvert... Considérez, un moment, combien la possession de la rive gauche du Rhin a, de votre part, un caractère hostile pour nous. En occupant ce bord, vous ne pouvez vous empêcher de paraître menacer, car vous avez le pied sur notre seuil. Vous êtes chez nous. *Vous pourriez pénétrer jus-*

qu'à notre foyer sans rencontrer un seul obstacle, tant le piège a été bien ourdi. Au contraire, lorsque cette rive est à nous, notre position n'est encore que défensive. Nous ne sommes pas debout à votre porte. Le fleuve reste entre nous, et il est si vrai que ces provinces n'entrent pas naturellement et nécessairement dans votre organisation nouvelle que vous n'avez su comment les y rattacher. Quel lien trouvez-vous entre Sarrelouis et Berlin, entre Landau et Munich? Je n'y en vois pas d'autre que celui du hasard et de la violence. L'Europe s'agrandissant de tous côtés, la France ne peut pas seule décroître; en un mot, il faut ou déclarer que nous sommes de trop dans le monde, ou bien, admettant la nécessité de notre existence, *admettre les conditions qui nous permettent de vivre* ».

Le Rhin était donc la condition qui permettait à la France de vivre! Voilà des paroles qui trouvaient bien des incrédules au milieu du XIXe siècle! Quelles clameurs n'eût pas soulevées celui qui aurait osé prétendre que la restitution de la rive gauche à la France était mieux encore : la condition de l'équilibre européen?

Le mot de Périclès : la démocratie ne comprend

que ce qu'elle touche, n'a point cessé d'être vrai et ne s'applique pas seulement à la démocratie. L'opinion des plus éclairés, ou de ceux qui devraient l'être, ne se forme qu'au brutal et douloureux contact des événements. A vrai dire, ces événements se multiplièrent, et la commotion dépassa en violence tout ce qu'il fallait pour convaincre l'intelligence la plus obtuse.

Et, maintenant, il nous reste à dégager la leçon qu'ils ont donnée, non seulement à l'esprit public français, mais encore et surtout à l'Europe : comment les termes du problème sont bouleversés : comment, en renversant le vieil édifice, l'Allemagne a mis le monde entier dans la nécessité d'en établir un nouveau.

VII

Un point est certain. La frontière de 1815 — nous ne parlons pas de celle de 1870 — n'est pas une défense pour la France. On le vit bien en 1870, à l'Est, lorsque la Prusse et ses alliés, mobilisés et concentrés sur la Sarre, envahirent le territoire français à la fois par la Lorraine, à Forbach, et par l'Alsace, à Wissembourg, alors que de Bâle à la Lauter pas une seule barque allemande ne tentait de franchir le fleuve. Et ne pouvait-on pas s'en convaincre, une fois de plus, en 1916, en voyant l'armée allemande, massée à Cologne et dans Aix-la-Chapelle, au delà des ponts allemands, traverser le Rhin en toute sécurité, se ruer sur la Belgique et descendre vers Paris à grandes journées par la route traditionnelle : Meuse, Sambre et Oise? Et que serait-ce, désormais, si l'Allemagne, comme elle en proclame le projet à grand fracas, annexait la Belgique? Mais, dans le cas même où elle s'en abstiendrait, le danger serait à peine moindre. La question n'est pas, en effet, de savoir si la frontière sera tracée plus au moins à l'Ouest, sur la rive gauche, mais que le liséré qui la dessine soit rejeté au delà de la rive gauche et porté au fleuve même. Strasbourg et Metz ne sont que des garanties insuffisantes. La barrière de la France est à Mayence et à Cologne. « Strasbourg, Mayence et Wesel, disait Napoléon, sont les trois brides du Rhin ». Rien n'est plus exact encore aujourd'hui. La courbe du Rhin, de Bâle en Hollande, a pour centre Paris : et Paris ne sera en sécurité que le jour où, de Paris, par des chaînes d'égale et suffisante longueur, la puissance française tiendra en bride la longue frontière que la nature lui a donnée.

« Les gens d'outre-Rhin, disait récemment M. Maurice Barrès, viennent dévaster notre pays pour la vingt-neuvième fois. C'est la quatrième fois depuis un siècle. Ils reviendront chaque fois qu'ils le pourront. Il faut que nous combattions pour qu'une pareille chose devienne impossible dans notre existence et dans l'existence de nos enfants et petits-enfants. Il s'agit de chasser les Allemands, de briser leur unité et de prendre nos sûretés sur le Rhin ».

Si cette vérité avait besoin d'être démontrée, elle n'aurait pas de meilleurs garants que les Allemands eux-mêmes. On sait à quel dévergondage d'ambitions ils se sont livrés au cours de ces dernières années. Relisez leurs livres, leurs articles et leurs discours. La possession de la rive gauche du Rhin, d'une large rive gauche, étendue au besoin jusqu'à la Champagne, mais comprenant avant tout Anvers et Bruxelles, ne faisait pour eux qu'une seule et même chose avec la domination universelle. C'en était la condition, le préliminaire indispensable.

Ecoutez Daniel Freymann : « Le traité de Francfort a été d'une modération inexcusable : il faut réparer la faute que nous avons alors commise. Le nouveau règlement que nous comptons imposer à la France sera implacable. Elle doit être mise hors d'état de nous menacer : nous exigerons d'elle qu'elle nous cède autant de terrain qu'il nous en faudra pour être toujours en sûreté. Il ne faudra pas craindre de prendre hardiment, sur le territoire de la Champagne et aussi de la Bourgogne et de la Franche-Comté, toute l'étendue que nous jugerons nécessaire pour constituer des marches, comme l'Empire le faisait au moyen âge. C'est à nous seuls qu'il appartient de déterminer ce dont nous avons besoin. Les droits d'une race dérivent de ses besoins. C'est pourquoi nous avons le droit d'arracher à un autre peuple (la France) le superflu dont il se gorge. Nous n'hésitons pas à déclarer que, pour conserver ses jours, un peuple a le droit d'attenter à la liberté ou à la propriété de ses voisins ».

Et voici maintenant pour la Belgique, de la plume de M. Oncken, professeur à Heidelberg, dans le numéro de septembre 1915 des *Süddeutsche Monatshefte* :

« Le sort réservé à la Belgique paraît au premier abord un peu dur pour les Belges; il sera finalement très avantageux pour le pays qui doit être incorporé à l'empire. La destinée des grandes nations est chose trop importante et placée trop haut pour que celles-ci ne soient pas obligées de fouler aux pieds l'autonomie des petits peuples qui ne sont pas de taille à se protéger eux-mêmes. Les petits peuples, lorsqu'on considère l'évolution actuelle du monde, apparaissent comme des parasites (*schmarotzer*) qui sont d'autant moins intéressants qu'ils se nourrissent en réalité des conflits des grands ».

Quant à la Hollande, M. Adolphe Lasson règle ainsi ses destinées : « Nous n'avons aucun respect pour la Hollande ; nous devons remercier Dieu que les Hollandais ne soient point nos amis ; la misérable existence bourgeoise de ce petit peuple ne nous inspire aucune sympathie. Nous respirons à pleins poumons le large souffle de l'histoire ».

Et la raison déterminante de ces appétits, la voici exprimée sans détours :

« Nous ne pouvons au surplus, poursuit Daniel Freymann, abandonner l'embouchure du Rhin à l'influence anglo-française. Nous ne pouvons tolérer à notre frontière du Nord-Ouest de petits États qui ne nous donnent pas de garanties suffisantes contre une violation possible de leur neutralité ».

« Nous sommes arrivés, écrit Friedrich Naumann, à une heure historique qui a pour nous une importance capitale ; l'enjeu de la lutte engagée, c'est la direction qu'il convient de donner à l'humanité. Il s'agit pour nous d'arriver à la centralisation de la maîtrise du monde. La tâche que nous avons à accomplir est tellement importante pour la race germanique que, devant cette considération, toutes les considérations morales doivent s'effacer. La race allemande, race supérieure, doit devenir la race maîtresse dans le monde ».

Revenons à Adolf Lasson :

« Nous poursuivons une œuvre civilisatrice, nous n'avons à nous excuser de rien. Dieu est avec nous. Le germanisme est l'aboutissement le plus parfait des phases antérieures de l'histoire. Nous sommes une race supérieure. Or les races supérieures sont destinées à dominer, les races inférieures sont condamnées à servir les autres ».

« Il appartient à l'Allemagne, disait encore Schleiermacher, de prendre possession du monde entier ».

Tout cela est clair et dispense de commentaires. L'Allemagne veut la rive gauche du Rhin parce qu'une fois installée là elle tient et elle écrase la France et du même coup, gouverne le monde. C'est précisément pourquoi il faut que toute la rive gauche lui soit arrachée. C'est une question de vie ou de mort : ce sont les Allemands qui l'ont posée et bien posée : ce ne sera pas, grâce à Dieu et à nos victoires, d'eux qu'il dépendra de la résoudre.

VIII

Si la sécurité du territoire français est liée intimement à la possession de la frontière du Rhin, comment l'Europe n'en serait-elle pas préoccupée ? Déjà l'on voit combien la question, en quelques années, a changé d'aspect. La France au Rhin, jusqu'à la seconde moitié du XIXe siècle, semblait une menace pour l'Europe. C'est, maintenant, la France séparée du Rhin qui apparaît un rempart insuffisant pour la paix du monde.

C'est qu'en effet, tout l'ancien échafaudage des combinaisons diplomatiques s'est écroulé. La réalité des choses est apparue, telle que l'ont faite la géographie, l'histoire et les ambitions de l'Allemagne. Les peuples s'aperçoivent aujourd'hui que les solutions, hier encore, causes de leur terreur et qu'ils s'acharnèrent à combattre, sont justement celles qui constitueront, demain, leurs meilleures garanties.

Voyez, d'abord et avant tout, la nouvelle position de l'Angleterre. Il serait oiseux de se demander si elle souffrirait, aujourd'hui, la France à Bruxelles et dans Anvers. La France songe moins que jamais à Anvers et à Bruxelles. Le sort de la Belgique est réglé — très heureusement réglé — depuis 1832; il est même à souhaiter — nous le dirons plus loin — que la paix à venir accroisse son territoire, et si cet accroissement rencontre quelque difficulté, ce n'est pas de la France qu'elle viendra. La principale cause de discorde entre Français et Anglais, la possession des Pays-Bas, est donc éliminée, et cela rend la situation diplomatique singulièrement claire!

Par contre, ce qui est tout à fait actuel et menaçant, ce n'est pas la France à Anvers, mais l'Allemagne à Calais. Le danger est à peine écarté, puisque sans l'Yser, la clef du Détroit serait au pouvoir des Allemands. Est-il besoin de signaler encore les conséquences formidables de cette occupation? Ne serait-ce pas, avec le moyen d'envoyer des projectiles sur la côte anglaise, à travers un bras de mer dont la largeur est très inférieure à la portée de l'artillerie lourde, le passage maritime interdit à l'Angleterre et l'impossibilité de défendre la Manche? Ne serait-ce pas une base de sous-marins à moins d'une heure des rivages britanniques, l'essor indéfini de la piraterie allemande, la dévastation du littoral français et anglais, la menace perpétuelle? Et l'évidence de ce péril est si grande que c'est elle, on peut l'affirmer sans exagération, qui entraîna l'Angleterre dans la lutte, plus encore que le respect de sa parole envers la Belgique. C'est au moment où l'Angleterre commençait à craindre les ambitions allemandes sur la Manche — et l'on sait qu'elles s'étendaient jusqu'à Cherbourg et menaçaient Brest — que le gouvernement de Saint-James se rapprocha de la France; et le danger commun, par la force même des choses, poussa les deux pays à ce célèbre « arrangement » qui mit fin, dans le monde entier, à leurs rivalités et à leurs frottements, qui répartit leurs forces navales pour la meilleure garde des mers et qui en fit un bloc contre le futur envahisseur. Les événements, depuis, n'ont que trop montré le fondement de ces craintes.

Peut-être ne sait-on pas assez, chez nous, de quel péril la rapidité de l'intervention britannique délivra la France. Le plan d'invasion préparé à Berlin, dont nous avons tous subi la réalisation froudroyante par la vallée de la Meuse, était bien plus vaste encore. Si les forces navales de l'Angleterre n'avaient pas barré le Détroit, les escadres allemandes, très supérieures aux forces navales françaises, auraient assuré le transport d'un demi-million d'hommes, déjà rassemblés dans le Nord de l'Allemagne, à la presqu'île du Cotentin, où tout avait été prévu, sous couleur d'installations industrielles, pour leur débarquement rapide. Cherbourg n'était pas en état de tenir quarante-huit heures. La presqu'île, cette forteresse naturelle que l'Allemagne comptait bien garder à la paix, devait, en attendant, servir de base à une offensive dont Paris serait l'objectif. Pris entre trois attaques convergentes, menées par le Nord, l'Est et l'Ouest, la capitale devait bientôt succomber.

L'Angleterre peut-elle s'exposer à ce qu'un pareil

danger renaisse? Les conséquences en seraient, pour elle, tellement directes qu'il est à peine nécessaire de les mentionner : elles sautent aux yeux.

De Zeebrugge, les Allemands infestent de sous-marins la mer du Nord, la Manche et toutes les côtes anglaises. De Gand, ils ont dirigé des raids de zeppelins sur Londres. La Grande-Bretagne accepte-t-elle que cette menace devienne permanente?

Mieux encore : le tunnel de la Manche, naguère réputé projet chimérique et d'une réalisation hérissée de difficultés, ne tardera plus beaucoup à entrer dans le domaine des faits, et ce problème de diplomatie est un de ceux que les événements auront le plus mûris. Combien les opérations militaires n'eussent-elles pas été simplifiées, si ce tunnel eût existé ! Et quelle sécurité ne donnerait-il pas aux côtes anglaises à cette époque de mines et de sous-marins ! Nos alliés ont compris leur intérêt national, et sans doute aussi l'immense avantage commercial qu'ils auraient à lancer sur tout le continent des trains de voyageurs et de marchandises partant de Londres et de Liverpool. Aussi peut-on dire, dès maintenant, que la question est tranchée : le tunnel s'ouvrira. Mais, le jour où il se trouvera exploité, qui ne verra l'importance extraordinaire que prendra, pour les Anglais, la sécurité de Calais d'abord, et, ensuite, de toutes les lignes ferrées qui aboutiront au tunnel, Calais-Paris, Calais-Bâle, Calais-Strasbourg, Calais-Bruxelles ? Tout ce qui inquiéterait ce réseau serait une menace directe pour l'Angleterre, ses communications et son ravitaillement.

Or, Calais n'est qu'à 50 kilomètres des confins franco-belges. Les lignes Calais-Amiens-Reims-Nancy, Calais-Lille, courent parallèlement à cette frontière, dont elles se rapprochent par endroits. Et la guerre actuelle vient de montrer combien cette frontière, en l'état actuel, est sans valeur. Aussi longtemps que la Belgique demeure exposée aux invasions germaniques, c'est-à-dire tant que l'armée allemande peut se concentrer en temps de paix à Cologne et dans Aix-la-Chapelle, la frontière belge, du côté français, est, dans la brutalité des faits, une frontière allemande. Ce serait donc placer le nœud vital des relations britanniques avec le continent sous la menace d'une destruction immédiate et foudroyante.

Après l'expérience d'hier si terrible et si convaincante, il n'est plus possible de douter. Tant que l'Allemagne régnera dans Aix-la-Chapelle et à Cologne, la Belgique sera livrée à sa merci. Quelques heures lui suffiront pour se porter sur la Meuse et prendre Liége. Il faudra des jours et des semaines aux armées française et anglaise pour secourir — *utilement!* — les Belges. Jamais la Belgique seule ne sera de taille à résister au colosse germanique. Son héroïsme, en 1914, put retarder de deux semaines la marche des armées allemandes. C'était beaucoup, puisque ce retard nous a valu la victoire de la Marne, mais c'était peu pour la malheureuse Belgique, que rien n'a pu sauver de l'horrible invasion et d'un esclavage qui accomplit sa troisième année. S'exposer à un nouvel assaut serait folie. Dans l'intérêt vital de l'Angleterre elle-même, aussi bien que de la Belgique et de la France, une solide barrière doit être établie à l'Est, et cette barrière, la nature elle-même s'est chargée de la tracer : elle est jalonnée par Coblence, Bonn, Cologne et Wesel. Le jour où les armées allemandes auront repassé les ponts, chacun pourra travailler en paix à Bruxelles et respirer à Londres.

Voilà comment le péril s'est tout à fait retourné pour la Grande Bretagne. Il n'est personne, de l'autre côté du Détroit, qui ne comprenne l'urgence de protéger les côtes et le Nord de la France contre une nouvelle invasion germanique; et aussi, et surtout, de mettre à l'abri la Belgique, non plus de la France qui ne la menace pas, mais de l'Allemagne qui fait mieux que la menacer, car elle l'occupe, la tient sous son talon, la dépeuple, déporte ses habitants, et aujourd'hui encore, après Verdun, après la Somme, après le cri de réprobation qui a retenti dans le monde entier et soulevé jusqu'à l'Amérique, proclame son intention déterminée de s'y installer pour toujours !

Faut-il encore ajouter que le refoulement de l'Allemagne au delà de Cologne serait d'une entière inefficacité s'il n'était complété plus au Sud, si le Rhin tout entier n'était arraché à l'Allemagne de Bâle à Wesel, de sa sortie de Suisse à son entrée en Hollande? Il ne suffit pas de barrer le seul chemin direct : mais encore faut-il les obstruer tous. Croit-on, d'ailleurs, que le sort de la France n'intéresse pas la Grande-Bretagne à peu près au même titre que celui de la Belgique ?

Suppose-t-on qu'un nouveau Sedan, une guerre victorieuse de l'Allemagne contre la France seule, un traité de paix signé à Paris, lui cédant des ports et des côtes, des navires et des colonies, seraient pour l'Angleterre chose indifférente ?

Il importe à sa sécurité que Paris, qui ne la menace plus, ne soit plus jamais en danger. La garantie du sol français, qu'est-ce donc, sinon la condition même de l'existence de l'Angleterre ? Et cette garantie, on la chercherait en vain ailleurs que dans le fossé du Rhin.

Ce qui est vrai de l'Angleterre l'est à bien plus forte raison de la Russie. Pourquoi la Russie s'opposerait-elle, aujourd'hui, à l'annexion de la rive gauche à la France ? De peur que la France ne la contrecarre dans la question polonaise ou dans celle d'Orient ? Mais ces problèmes seront résolus, amiablement et d'une manière définitive, par le traité de paix. L'extension prodigieuse de la guerre actuelle aura tout au moins cette compensation que la paix à venir sera une paix d'ensemble. Toutes les difficultés qui attendent une solution depuis des siècles, toutes les incertitudes qui inquiètent l'Europe, se présenteront en bloc et à la fois au congrès qui dictera les conditions du nouvel équilibre européen. Incontestablement, bien des causes de désaccord subsisteront entre les puissances, car il n'est au pouvoir de personne de les supprimer; mais ce ne seront plus les mêmes. La Russie, en tout cas, peut être assurée que ni la France, ni l'Angleterre ne sont prêtes à reprendre la politique de la guerre de Crimée. L'histoire de 1855 paraît, aujourd'hui, aussi loin de nous que celle de François Ier s'alliant avec les Turcs. L'intérêt de la France est, désormais, que la Russie s'agrandisse et qu'elle obtienne le débouché sur la mer libre auquel nul ici ne conteste ses droits. Lorsque la nouvelle démocratie russe, après les hésitations du début, aura repris conscience de la politique traditionnelle de l'empire, ni la France, ni l'Angleterre n'y mettront obstacle. En présence d'un pareil changement, n'est-il pas vrai de dire que toutes les traditions sont brisées et que les vieilles suspicions russes, à propos d'une extension à l'Est de la frontière française, sont passées à l'état de curiosités diplomatiques?

Mieux encore : il est de l'intérêt même de la Russie que la France s'avance jusqu'au Rhin.

Aussi écrasante que l'on suppose notre victoire, l'Allemagne ne sera point pour cela détruite. Il restera toujours des pays peuplés et surpeuplés d'Allemands : aucune clause de traité ne supprimera ce fait; pendant de longues années encore, ces populations feront au reste de l'Europe, à défaut de guerre par les armes, la guerre économique et intellectuelle, la plus intraitable qu'elles pourront. Alors, ne faudra-t-il pas les tenir et les mater? Voilà pourquoi, si la possession de la rive gauche du Rhin est encore de nature à procurer à la France quelque influence sur la rive droite, la Russie ne peut qu'en être bien aise. La puissance française unirait ainsi son action à celle de la Russie pour garantir les conditions de la paix. Quant aux autres alliés qui sont plus loin, leur concours aura ses avantages; mais aucun n'a la valeur de celui que lui donnera la France. Prise comme dans un étau entre la France et la Russie, l'Allemagne sera réduite à cette impuissance qui est la condition indispensable de la paix russe, aussi bien que de la nôtre.

Que dire de l'Italie? En se dégageant des liens de la Triple Alliance, en faisant front contre ses alliés d'hier, et cause commune avec celui de 1859, elle a montré, à la fois, sa clairvoyance et son sentiment de la solidarité dans le danger qui l'unit à la France. La vieille idée que les Latins, comme les peuples germaniques, forment un tout et que la blessure de l'un d'entre eux les atteint tous, pénètre de plus en plus l'esprit public. Elle a, malgré ses apparences parfois chimériques, un fond de palpable réalité. Il est un « territoire latin », qui doit former bloc et auquel pas un seul peuple latin ne peut souffrir la moindre atteinte. Trente et Trieste en font partie intégrante; le Rhin en est une pièce maîtresse. L'Autriche à Trieste inquiète la France; l'Allemagne sur le Rhin menace l'Italie. C'est une vérité qu'il faut aller redisant sans cesse, jusqu'à ce qu'elle entraîne de substantielles et durables conséquences politiques.

Libero Tancredi l'a justement fait remarquer : « Il n'est que deux grandes routes qui conduisent du centre de l'Europe à la Méditerranée : l'une passe à Milan et l'autre traverse la Lorraine. La première, par les portes de Planina, au delà de Trieste, de l'Adige et du Tessin, mène d'abord aux plaines vénitiennes, puis le long du Pô, vers Alexandrie et à Turin, d'où l'on peut déboucher à

Gênes, à Nice, à Chambéry. La deuxième suit la Saône et le Rhône pour aboutir à Marseille, et si jamais les Allemands arrivaient à Dijon, à Lyon et à Marseille, qui donc nierait que Milan, Turin et Gênes ne seraient directement menacées? Tous les barbares qui traversèrent le Rhin, tôt ou tard ont passé les Alpes, quand on ne les repoussait pas tout de suite jusqu'à leur point de départ ».

Ainsi, l'histoire se répète. Cette double invasion du monde Latin, par la Saône et le Rhône à l'Ouest, par les Alpes Carniques à l'Est, n'est-ce pas aussi la double route suivie par les Cimbres et les Teutons, qu'extermina Marius à Aix et à Verceil?

Le même auteur écrivait dans la *Vita internazionale* : « L'Espagne ne se défend pas sur les Pyrénées ; elle se défend sur le Rhin. La frontière occidentale de l'Italie, ce ne sont pas les Alpes maritimes. Metz est la base allemande pour l'invasion de l'Italie, Trieste est la base autrichienne pour l'invasion de la France ».

Rien de plus juste, et la guerre actuelle n'a fait qu'accentuer cette solidarité des nations latines, en démasquant les ambitions allemandes sur la mer qui est leur lien commun et leur domaine propre : la Méditerranée. Qui donc eût supposé, il y a seulement dix ans, que la Méditerranée serait, un jour, infestée de sous-marins allemands? Qui aurait pensé, au siècle dernier, qu'Alger et Tunis étaient convoités et menacés, non par les Anglais ou les Italiens, mais par l'Allemagne? Il a fallu les affaires du Maroc pour ouvrir les yeux et semer l'inquiétude, et cependant, on ne se rend pas assez compte du danger couru au moment de Tanger et d'Agadir. L'Allemagne installée sur le détroit de Gibraltar, c'était un coin enfoncé dans le bloc latin ; c'était sa dissociation à brève échéance, au grand détriment des nations qui le composent et dont le sort aurait été fatalement de tomber, l'une après l'autre, au pouvoir de ce peuple monstrueux.

L'existence de l'empire romain d'Occident fut mesurée à son pouvoir de faire respecter sa frontière du Rhin et des Alpes. Dès qu'elle fut submergée, les barbares poussèrent jusqu'en Afrique. Depuis, la géographie n'a pas changé, et ses exigences restent ce qu'elles étaient, il y a deux mille ans. Italiens, Portugais, Espagnols, Français et Belges ne seront jamais en sûreté, si ce n'est protégés par cette barrière naturelle. C'est notre commune condition de vie ou de mort. Loin de rechercher là une conception politique, il suffit de voir un fait dont l'évidence s'impose, sans se soucier de nos sympathies pour tel système plutôt que pour tel autre!

Ainsi, la restitution de la rive gauche du Rhin à la France n'est pas seulement affaire de politique française, mais surtout d'intérêt européen primordial. Il importe à l'Europe que la barrière contre l'Allemagne soit reportée au grand fleuve. Non seulement la France n'en doit plus être écartée, mais le concert des nations la priera de 'y installer et d'y monter la garde pour assurer sur ce point la paix du monde, que d'autres se chargeront de préserver ailleurs.

IX

Il ne s'agit pas, au surplus, d'une seule question de défense militaire.

Si de cet équilibre européen, que les diplomates eurent tant de peine à fonder depuis trois siècles, doit, enfin, résulter la paix future, la condition première en est que les nations appelées au partage du monde soient de taille à se faire un mutuel contrepoids. L'équilibre n'a pas d'autre sens : aussi en manquèrent-ils, ceux qui permirent à l'Allemagne de prendre ce développement qui faillit causer notre perte.

Or, à ce point de vue très particulier, les circonstances politiques, géographiques et économiques sont, aujourd'hui, complètement bouleversées. Ce qui était vrai, il y a cinquante ans, n'a même plus les dehors d'une illusion.

L'Allemagne actuelle a 70 millions d'habitants, près du double de la population française. Elle a, depuis dix ou vingt ans, triplé son commerce et sa fortune. Elle renverse, en ce moment même, les barrières qui la séparaient encore de l'Autriche et va les faire tomber tout à fait. Elle annonce à grands fracas la création d'un nouvel État d'Europe centrale qui, s'il y doit ne comprendre provisoirement que les deux empires allemand et austro-hongrois, doit évidemment absorber, un jour, les Balkans, la Turquie et l'Orient tout entier. En présence d'un pareil monstre, que représente la France? Bien loin de menacer la paix du monde, n'aura-t-elle pas grand'-peine à garder son ancien rang? Aura-t-elle, quoi qu'il arrive, la population et la richesse, le territoire et les colonies de la Grande-Bretagne ou de la Russie? Cinq ou six départements nouveaux suffiront-ils pour rompre l'équilibre, qu'ils ne rétabliront même pas en faveur de la France? Les alliés n'ont donc rien à craindre, quand, tout au contraire, leur intérêt majeur est de diminuer l'Allemagne, d'agrandir la France d'un morceau de terre allemande, de déplacer les influences en renforçant la puissance française aux dépens de la puissance germanique.

Tout autrement en était-il à l'époque des coalitions contre la France. Au XVIIIe siècle, ce pays était, incontestablement, le plus peuplé des États européens. Le centre de gravité des populations de l'Europe, si on avait dû l'établir, serait, alors, certainement tombé en territoire français.

Combien les choses ne sont-elles pas changées aujourd'hui! La France possède, après sa mutilation, 39 millions d'habitants : mais la Grande-Bretagne en a 50, l'Allemagne 70, l'Autriche-Hongrie 50, la Russie 160, l'Italie 40. La rétrocession de l'Alsace-Lorraine, l'annexion de Mayence et de Coblence ne fourniraient qu'un appoint insignifiant. En face d'une Allemagne même démembrée, quelle disproportion! Le centre de gravité de la population tombe aujourd'hui en pleine Allemagne. Bien loin d'attribuer à la France une prépondérance injustifiée, l'annexion de la rive gauche lui donnerait à peine un surplus de population suffisant pour rendre moins sensible l'écart qui, malgré tout, la séparera de ses voisins.

Si le prochain congrès doit établir une paix définitive — en admettant que cet adjectif ait un sens dans le langage humain —, c'est à la condition que cette paix soit fondée, plus que jamais, sur l'équilibre des grandes nations. Voici bientôt trois siècles que la recherche de l'équilibre européen hante les diplomates et préside aux traités. C'est précisément le contrepied de la monarchie universelle, rêvée par Charles-Quint, avant Guillaume II. C'est l'introduction de l'équité et de la justice dans le droit international. La guerre voulue et déclarée par l'Allemagne était dirigée contre cet équilibre : la paix que nous imposerons à l'Allemagne aura pour premier objet de le rétablir.

Or, que nous réserve l'avenir? L'Allemagne, l'Autriche et la Turquie, quoi qu'il advienne, ne doivent plus donner ni le ton ni le branle à l'Europe : autrement, tout serait à recommencer dans vingt ans, et la paix, pourtant achetée de la vie de millions d'hommes, n'aurait que la valeur d'une trêve. Il se formera, par la force des choses, et quoi qu'en disent les attardés du pacifisme, une constellation des vainqueurs, parmi lesquels la Grande-Bretagne et la Russie sont appelées à jouer le rôle d'étoiles de première grandeur. L'Italie, elle-même, fera de l'Adriatique son lac italien, qui doublera sa puissance et son influence dans les affaires du monde. Si la France veut tenir son rang au milieu de ces géants, il faut qu'elle s'agrandisse, ou, sinon, risque de disparaître. Et l'accroissement qui lui donnerait à la fois la sécurité de ses frontières, la possession de la grande voie rhénane, le fer de la Sarre et la satisfaction de ses aspirations séculaires, est tellement indiqué par la nature, l'histoire et la politique qu'elle n'y saurait renoncer sans un suicide. Si la France conservait ses limites de 1815, au moment où la Russie s'agrandira de Constantinople, de l'Arménie et de la Prusse orientale, l'Italie de Trente, de Trieste et d'autre chose encore, l'Angleterre de presque tout l'empire colonial allemand, elle souscrirait à des conditions de défaite : elle se résignerait à n'être plus, comme les Allemands le proclament déjà ironiquement, que le satellite de ses alliés de la veille : elle se mettrait dans l'impossibilité de tenir, au milieu des futurs congrès, le seul langage utile, celui qui s'appuie sur la force dans le passé et dans l'avenir. Ni la France, ni l'Europe, ni personne, n'y trouveraient leur compte. Pour tenir les vaincus en main et pour faire régner partout le droit et la justice, ce ne sera pas trop de l'effort commun et simultané de quatre puissances de premier ordre, aidées de toutes les petites nations, que la paix aura créées, grandies ou ressuscitées. Seule cette quadruple alliance garantira le repos du monde. La France sera l'un de ses piliers, aussi lui faut-il une taille à pouvoir en supporter les charges.

Nul n'exprima plus fortement cette vérité que M. le Président de la République, quand il disait, le 14 juillet 1915, dans un langage à peine atténué par la prudence diplomatique :

« Puisqu'on nous a contraints à tirer l'épée, nous n'avons pas le droit de la remettre au fourreau avant le jour où nous aurons vengé nos morts, et où la victoire commune des alliés nous permettra de réparer nos ruines, de refaire la France intégrale et de nous prémunir efficacement contre le retour périodique des provocations.

» De quoi demain serait-il fait, s'il était possible qu'une paix boiteuse vînt jamais s'asseoir, essoufflée, sur les décombres de nos villes détruites? Un nouveau traité draconien serait aussitôt imposé à notre lassitude, et nous tomberions, pour toujours, dans la vassalité politique, morale et économique de nos ennemis. Industriels, cultivateurs, ouvriers français seraient à la merci de rivaux triomphants, et la France humiliée s'affaisserait dans le découragement et dans le mépris d'elle-même.

» Qui donc pourrait s'attarder un instant à de telles visions? Qui donc oserait faire cette injure au bon sens public et à la clairvoyance nationale? Il n'est pas un seul de nos soldats, il n'est pas un seul citoyen, il n'est pas une seule femme de France qui ne comprenne clairement que tout l'avenir de notre race, et non seulement son honneur, mais son existence même, sont suspendus aux lourdes minutes de cette guerre inexorable. Nous avons confiance en notre force et en celle de nos alliés, comme nous avons confiance en notre droit.

» Non, non, que nos ennemis ne s'y trompent pas! Ce n'est pas pour signer une paix précaire, trêve inquiète et fugitive entre une guerre écourtée et une guerre plus terrible, ce n'est pas pour rester exposée, demain, à de nouvelles attaques et à des périls mortels que la France s'est levée tout entière, frémissante, aux mâles accents de *la Marseillaise*.

» Ce n'est pas pour préparer l'abdication du pays que toutes les générations rapprochées ont formé une armée de héros, que tant d'actions d'éclat sont, tous les jours, accomplies, que tant de familles portent des deuils glorieux et font stoïquement à la Patrie le sacrifice de leurs plus chères affections. Ce n'est pas pour vivre dans l'abaissement et pour mourir, bientôt, dans les remords que le peuple français a déjà contenu la formidable ruée de l'Allemagne, qu'il a rejeté de la Marne sur l'Yser l'aile droite de l'ennemi maîtrisé, qu'il a réalisé, depuis près d'un an, tant de prodiges de grandeur et de beauté ».

Cette paix précaire, repoussée par M. Poincaré avec un accent si vibrant et, depuis, par un document de premier ordre : la fière réponse des alliés à l'hypocrite proposition de paix de l'Allemagne, ce serait la paix fondée sur des compromis et des cotes mal taillées. Ce serait, en ce qui concerne la France, le rétablissement pur et simple de la frontière de 1815. Cette paix-là, la France ne peut plus s'en contenter. Elle a payé de son sang et de son or le droit de retrouver avec son intégralité et sa sécurité son rôle dans le monde. Et la condition absolue de son existence à venir, c'est le Rhin.

X

En disant : la France, nous commettrions une inexactitude qui serait la pire des injustices si nous ne la corrigions pas aussitôt. A côté de la France, un autre peuple a combattu comme elle, souffert plus qu'elle, mérité autant qu'elle. Il a été déjà dit plus haut que tout accroissement de la Belgique serait accueilli en France avec un assentiment sans réserve. Si l'extension sur la rive gauche du Rhin doit se faire au profit des deux pays, la France fera aisément et joyeusement sa part à la petite nation qui, pendant la guerre, a lié ses destinées aux siennes.

Parler de la Belgique n'est pas autre chose que revenir à l'équilibre européen, puisque c'est cet équilibre même qui la fit naître. Dans l'avenir comme dans le passé, ce petit peuple ne cessera, inévitablement, de jouer, pour garantir la paix du monde, un rôle de premier ordre : mais les conditions en seront profondément changées et c'est ce qu'il nous reste à dire.

Il faut se rappeler, tout d'abord, que la Belgique ne date ni de 1830, ni de 1815. Le sentiment national belge est, heureusement, beaucoup plus ancien. Il s'est formé à travers les âges, au cours des dominations successives sous lesquelles le pays est passé : bourguignonne, allemande, espagnole et autrichienne, plus tard, française et hollandaise. Tenant tête à tous, les communes flamandes ont toujours tout sacrifié à leur indépendance. La résistance, souvent passive, parfois armée, à toute tentative d'aggression, remplit leur histoire. Tous les dominateurs l'un après l'autre ont disparu, mais la Belgique est restée elle-même. Aussi, quand il s'est agi de la constituer en nation, n'a-t-il pas été besoin de la créer artificiellement : elle existait déjà.

M. Carton de Wiart a pu dire avec autant de raison que d'esprit : « A travers les siècles, la Belgique est restée une personne inassimilable ».

Lorsqu'elle naquit à la vie européenne, en 1832,

ce fut sous la forme d'un État garanti et, qui plus est, d'un État neutre. La Belgique n'avait pas tort de croire à l'efficacité de la garantie, au moins de la part de quelques-uns des garants. Mais on attacha, cependant, plus de prix qu'il ne convenait à cette neutralité. Les Belges, comme l'Europe d'ailleurs, eurent le tort de se laisser longtemps endormir par une fausse quiétude. Ne reposait-elle pas, après tout, sur une stipulation, et celle-ci qu'était-elle? Une phrase écrite sur le papier, et l'on sait ce que valent, aujourd'hui, certains papiers. Il faut en convenir, toutefois, l'expérience faite en 1870-1871 aidait à maintenir l'illusion, et les Belges ne surent point se garder contre les risques inhérents à la richesse. Alors que leurs chefs d'industrie, leurs directeurs de comptoirs, leurs administrateurs se seraient eux-mêmes taxés d'inconséquence s'ils ne s'étaient pas assurés, eux, leurs familles et leurs biens, contre les risques de tous genres auxquels la fortune est sujette, qui donc songeait à se mettre à couvert du pire de tous —, le risque collectif de l'invasion? Un traité et trois signatures qui auraient été jugés chose fort insuffisante dans la pratique des affaires, à moins d'être escortés de solides hypothèques, semblaient être en droit public le plus inexpugnable des bastions. Et cependant! cette garantie n'était-elle pas d'autant plus précaire que la Belgique vivait au milieu d'une prospérité plus grande? Le petit pays « neutre » étonnait le monde par son activité bourdonnante. N'était-il pas devenu la ruche la plus laborieuse d'Europe? Entre ses étroites frontières s'accumulaient les produits d'une ardeur commerciale intelligemment orientée par l'habile direction d'un grand roi. Il est arrivé à Léopold II, comme à tous les grands hommes qui ont fait figure dans l'histoire, qu'il fut apprécié seulement après sa mort. Au moment où la guerre éclata, le monde commençait à comprendre ce que la Belgique lui doit. Malheureusement, il ne fut pas suivi jusqu'au bout. Si les Belges profitèrent de son règne pour s'enrichir, accumulant chez eux les objets d'envie, ils oubliaient de les protéger contre les convoitises, et ils payent, maintenant, cette erreur d'un prix terrible.

La guerre de 1914 déchira les voiles en révélant au monde étonné deux vérités que, semble-t-il, il ne savait guère : combien sont peu de chose les traités, et la valeur insoupçonnée du peuple belge. Quand nous reconstruirons le royaume de

Belgique, ce sont là deux facteurs nouveaux qui devront nécessairement entrer dans les calculs des diplomates et influer sur les solutions internationales.

La clause de neutralité, à elle seule, sans autre garantie que la promesse de voisins qui peuvent avoir intérêt à la violer, à fait son temps, espérons-le, du moins. Assurément, la France et la Grande-Bretagne ne sont pas l'Allemagne : elles savent le respect qu'on doit à sa signature, et elles le montrent. Mais, en droit public comme en affaires, il n'est pas d'honnêtes gens qui tiennent : les sûretés sont les sûretés, et l'on ne saurait trop en prendre. Et, de toutes les garanties, la meilleure et la plus efficace est encore celle qu'on trouve en soi-même, c'est-à-dire dans sa force. Si la Belgique veut être respectée, il faut qu'elle soit grande, plus grande, et sache le vouloir vis-à-vis d'elle-même, d'abord. Veut-elle prévenir le retour du terrible choc de 1914 et des misérables années qui le suivirent? Qu'elle pousse sa frontière jusqu'à la grande barrière du Rhin.

Cette extension est d'autant plus justifiée qu'elle constitue pour les Belges, en partie tout au moins, une revendication.

L'Allemagne, en effet, n'a cessé, au cours de son histoire, de rogner les frontières belges vers l'Est. Dès le moyen âge, trois principautés belges dominent entre Rhin et Moselle. La Gueldre, le Limbourg et le Luxembourg s'étendent largement entre la frontière belge d'août 1914 et le grand fleuve vers lequel doivent tendre les efforts concentrés des Français et des Belges.

La Prusse n'a cessé de les convoiter que le jour où elle s'en est emparée (à la seule exception du Limbourg qu'elle entend bien s'annexer plus tard avec toute la Hollande). La Gueldre lui appartient depuis le traité de Westphalie. En 1815, elle s'est fait adjuger toute une série de cantons habités par au moins deux cent cinquante mille Belges, annexion qui, reculant sa frontière, lui ouvrait mieux encore, à travers le territoire wallon, la route de la France.

La Prusse ne s'assimila cependant pas facilement les populations rhénanes qui ressemblaient si peu à ses habitants et qui toujours avaient vécu libres. Comme l'a fort justement rappelé M. Pierre Nothomb, dans *le Correspondant,* « sauf dans l'ancien duché de Clèves et dans la Gueldre orientale, elle était partout une nouvelle venue, et longtemps, malgré sa dureté, sa domination resta précaire. Si, depuis les cinquante dernières années, l'éducation prussienne réussit à faire participer les Rhénans à cette congestion d'orgueil collectif qu'est la kultur allemande, il a pourtant subsisté entre les Belges et les Rhénans, du temps passé de leur liberté et des premiers temps de leur servitude, des liens de sympathie et d'intérêt aussi naturels que nécessaires.

« Des milliers de Rhénans, aux siècles révolus, avaient été d'excellents Belges ; tous, sous la République et l'Empire, avaient été de bons Français ».

En 1814, un ancien projet de Joseph II « fut un instant remis sur le tapis. On aurait transporté dans les Pays-Bas agrandis la maison de Bavière, qui aurait, en échange, cédé à l'Autriche ses possessions dans l'Allemagne du Sud. Ces Pays-Bas, c'étaient la Belgique et la Hollande, accrus des territoires de la dynastie palatine sur la rive gauche du Rhin. On en aurait fait un royaume de Bourgogne ou d'Austrasie » (1) Castlereagh, puis Wellington, songeaient à porter le royaume des Pays-Bas jusqu'au Rhin. C'est à propos de ces projets,

(1) Sorel.

presque bien accueillis par la Prusse, que Thiers pouvait écrire : « Afin d'avoir la Saxe tout entière, elle (la Prusse) eût volontiers abandonné la rive gauche du Rhin, la France dût-elle en avoir la meilleure part ». Mais la Saxe lui échappant, elle se retourna sur le Rhin : « Il faut, disait Hardenberg, que la France reste dans sa défensive formée par l'art et par la nature, et qu'elle rende à ses voisins la défensive qu'elle leur a ôtée, c'est-à-dire l'Alsace et les frontières des Pays-Bas, de la Meuse, de la Moselle et de la Sarre. Pour le bien de l'Europe et pour le bien de la France, ne laissons pas échapper l'occasion que la divine Providence a visiblement amenée ». La Prusse n'eut pas l'Alsace, cette fois, mais elle s'adjugea les pays rhénans de la rive gauche, dont elle fit sa base d'opération contre la France en 1870, contre la Belgique en 1914. Les Belges se doivent à eux-mêmes, comme ils doivent à l'Europe, d'empêcher que ces précédents puissent se reproduire. La Belgique doit posséder les moyens de se défendre et de défendre avec elle toute l'Europe Occidentale dont elle tient la porte d'entrée. La géographie, la politique, les événements inspireront aux Belges le rôle qu'ils n'ont pas le droit de refuser. De Bonn et de Wesel ils doivent monter la garde. L'Europe les convie à s'y placer en faction, et l'armée qui combattit à Dixmude saura bien s'y maintenir.

Nous venons de nommer Dixmude. Il peut être permis à un Belge de s'arrêter un instant devant ce nom glorieux. Là, comme sur l'Yser, l'histoire dira le rôle, peut-être encore mal connu, de l'armée belge. Le splendide épisode de 6.000 fusiliers marins, qui, malgré leurs prodiges de valeur, n'auraient jamais suffi à maintenir à eux seuls les forces écrasantes de l'adversaire, a pu rejeter dans une ombre relative l'héroïque résistance de l'armée belge, qui, par son abnégation et sa ténacité, a barré la route de Calais. Ceux qui ont su faire de pareilles choses, après l'envahissement de leur pays, sauront bien défendre le bastion qui leur sera assigné sur la frontière commune des nations d'occident.

Incontestablement, pareille extension de territoire, à raison même de son importance proportionnelle, doit soulever les plus délicates questions de politique intérieure, compliquées de problèmes économiques et ethnographiques, et la solution, certes, en sera difficile. Ce n'est pas ici le lieu de les discuter. Le droit public moderne a des souplesses qui lui permettent de résoudre, sans trop de frottement, des problèmes jadis réputés inextricables. Ce sera l'affaire des diplomates et des jurisconsultes de combiner d'ingénieuses formules. Mais un point domine tout : les exigences de la situation internationale, qui ne pourra plus s'accommoder du *statu quo ante bellum*.

Le moment n'est, hélas! pas encore venu de faire appel à l'opinion publique belge. Des 8 ou 9 millions d'individus que compte la Belgique, les trois quarts sont, depuis août 1914, empêchés de faire entendre leur voix. Bien plus, ils ignorent à peu près tout de la situation actuelle et ne peuvent guère se rendre compte de ces innovations de demain que nous-mêmes commençons à peine d'entrevoir. Le jour où l'horizon s'ouvrira de nouveau devant eux et où la liberté de parler leur sera rendue, le sort des armes aura prononcé, et les solutions s'imposeront avec une telle évidence qu'ils n'y échapperont pas. A tout prix, il faudra bien que la surprise de Liége ne puisse se renouveler. Et le seul moyen pratique de la rendre impossible est de refouler l'Allemand derrière la seule grande ligne défensive que la nature a tracée à la Belgique comme à la France.

XI

La cause de la Belgique se confond donc avec celle de la France. Au point de vue qui nous occupe, ne forment-elles pas une seule et même chose? Comment faire entre elles le partage de la rive gauche du fleuve reconquis? Conviendra-t-il de procéder à un échange de territoire avec la Hollande? Quel sera le sort du grand-duché de Luxembourg? Autant de questions intéressantes, mais qui ne sont pas essentielles et précisément parce qu'elles ne touchent ni aux intérêts vitaux, ni à la susceptibilité, ni au sentiment national de personne, elles trouveront, plus ou moins aisément, mais elles trouveront à coup sûr une solution satisfaisante.

Il sera, d'ailleurs, naturel qu'en recevant cet accroissement de territoire, la France, comme la Belgique, prennent, l'une envers l'autre et toutes deux envers l'Europe, l'engagement de le défendre contre une invasion nouvelle. Il sera nécessaire que le traité s'en explique et leur en fournisse les moyens, en réglant en ce sens toutes les questions si diverses que la nouvelle frontière fera naître. Il faudra des conventions accessoires, destinées à coordonner les efforts, sur cette frontière, comme sur la frontière russe ou italienne. De même que la guerre a rendu nécessaire l'unité de front, ainsi faudra-t-il établir l'unité des lignes défensives autour de l'Allemagne et des mesures prises pour « l'empêcher de recommencer ». Tout est là. Nécessité vitale pour nous tous, il est indifférent, hélas ! qu'elle s'accorde avec les convenances particularistes. Se défendre contre l'Allemagne est aussi nécessaire qu'est indispensable à l'homme de s'assurer le pain de chaque jour. Voilà pourquoi toutes ces revendications territoriales ne s'inspirent d'aucun principe d'école. Elles sont la rude expression d'une réalité non moins rude. Quoi qu'on veuille ou qu'on pense, cette réalité s'impose : il n'est pas possible de s'y soustraire.

Il appartiendra à la diplomatie de trouver la solution de toutes les questions de détail. Ce n'est pas la nôtre de lui tracer ici le moindre programme. Qu'il nous suffise d'avoir montré — et nous espérons y avoir réussi — que l'expulsion de l'Allemagne de toute la rive gauche est, désormais, une condition *sine qua non* de l'équilibre et, par suite, de la paix de l'Europe.

Paris, avril 1917.

36.365. — BORDEAUX, IMPRIMERIE Y. CADORET, 17, RUE POQUELIN-MOLIÈRE.

565. — Imp. Art. « Lux », 131, Boulevard St-Michel. — Paris.

www.ingramcontent.com/pod-product-compliance
Lightning Source LLC
LaVergne TN
LVHW020421230826
846091LV00004B/1356

* 9 7 8 2 0 1 6 1 8 3 0 6 9 *